AF405145

HISTOIRE

ET

DESCRIPTION

DES

VOIES DE COMMUNICATION

AUX ÉTATS-UNIS

ET DES TRAVAUX D'ART QUI EN DÉPENDENT;

PAR MICHEL CHEVALIER.

Table Analytique et Alphabétique des Matières.

3 FR. 50 C.

PARIS.

LIBRAIRIE DE CAPELLE,

RUE DES GRÈS, N° 10, PRÈS DE L'ÉCOLE DE DROIT.

MDCCCLI

HISTOIRE

ET

DESCRIPTION

DES VOIES DE COMMUNICATION

AUX ÉTATS-UNIS.

TABLE ANALYTIQUE ET ALPHABÉTIQUE DES MATIÈRES.

Nota. Le chiffre romain désigne le volume, le chiffre arabe la page : quand le volume n'est pas indiqué, il est le même que celui qui est désigné par le dernier chiffre romain précédemment exprimé.

A

Abert (le colonel), I, 299 ; II, 54, 228, 320.

Accidents : sur les chemins de fer, I, 404 ; II, 58, 402.— Appareil pour écarter les obstacles de la voie, II, 394.

— causés par les crues, I, 483, 515 ; II, 72, 564.

— sur les plans inclinés du canal Morris, II, 479. — *Voir* Mesures de sûreté.

Adams (le président J. Q.), I, 144; II, 44.

Affermage de chemins de fer, II, 374.

Affouillements (ouvrages destinés à prévenir les), II, 254,

Aiken, président de la compagnie du chemin de fer de Charleston à Augusta, II, 141, 142, 144.

Aiken (plan incliné d'), II, 141.

Alabama (Etat), I, 5, 6, 8 à 11; II, 156.—Travaux publics existant sur son territoire, II, 334, 548.

—(Chemin de fer de l'), de la Floride et de la Géorgie, 452.

Alatamaha (fleuve tributaire de l'Atlantique), I, 22, 29. — Chemin de fer de jonction avec le Flint, tributaire du golfe du Mexique, II, 480. — *Voir* Brunswick.

Albany, I, 27, 164. *Voir* New-York, Saratoga. —Population, I, 13.— (Commerce aboutissant à), 226.—(Ouverture de la navigation à), 250. — Ramification de chemin de fer dans), II, 534.

— (Chemin de fer d') à Schenectady, II, 534.—Description générale, I, 266 à 268. — Tarif, 363, 374.—Embranchement sur Saratoga, 276; II, 399.

— (Chemin de fer d') à West-Stockbridge, projet, I, 510; exécution, II, 534.

— (Chemin de fer de Boston à), II, 440, 504 *note*, 531.

— (Chemin de fer d') au lac Champlain, II, 533.

Albemarle (baie d'), II, 420.—Longueur, largeur et superficie des bassins qui la forment, I, 22. — Elle communique avec la baie de Chesapeake par le canal de Dismal-Swamp, II, 364.—Navigation de l'Albemarle-Sound à la Nouvelle-Orléans, 567.

Alexandrie, petite ville du district fédéral, II, 44, 57, 73.—Port (d'), II, 62. —(Canal d'), II, 65, 73, 556.

Alignements (beaux) du chemin de fer de Charleston à Augusta, II, 144; — de Richmond à Petersburg, 417; — de Weldon à Wilmington, 429;— de Pontchartrain, 442.—Alignements de divers chemins de fer, I, 266, 269, 284, 399 ; II, 163, 175, 218, 534 *note*.

Alimentation des canaux.—Mode d'alimentation du canal de Vouichni-Volotchok, en Russie, I, 122. — Alimentation du canal Erié; difficulté entre Montézuma et le lac Erié; développement de 256 kilomètres alimenté par une seule prise d'eau pendant l'été, 155, 156, 166.—Alimentation du canal Chenango ; réservoirs; comparaison avec divers canaux français, 179.—Alimentation du canal de Middlesex ; digue de retenue dans le lit du Concord, 294. — Alimentation insuffisante du canal de Columbia à Hollidaysburg, 393. — Mécompte éprouvé sous le rapport de l'alimentation sur plusieurs des canaux de la Pensylvanie, 419. — Difficultés d'alimentation du canal de l' Union ; roues hydrauliques et machines à vapeur pour élever l'eau jusqu'au bief de partage ; immense réservoir, 470 à 473.—Ressources alimentaires du canal de la Susquehannah à l'Alleghany, 508. — Alimentation du canal du Shenango ; réservoir formé dans le lac Conneaut, 511, 515.—Ressources alimentaires du bief de partage du canal de la Chesapeake à l'Ohio ; réservoirs du Casselman, II, 48, 49. — Alimentation de la partie de ce canal qui est

1

latérale au Potomac ; barrages de prise d'eau, écluses, 51.
—Alimentation du canal de Virginie, latéral au James-
River, par des barrages, dans cette rivière, 104.— Alimentation du canal Ohio, 198 , 218. — Règles adoptées
dans les Etats d'Ohio et d'Indiana, 204 à 206. — Alimentation du canal Mahoning , 215. — Long espace
alimenté par une seule prise d'eau : canal Central
d'Indiana, [240, 241 ; canal Michigan, 256. — Projet
d'alimentation du canal latéral à la Delaware par une
seule prise d'eau ; pourquoi abandonné. Alimentation
actuelle de ce canal ; machine hydraulique qui y contribue
490. — Ressources alimentaires du canal du Beaver et du
Sandy, II, 216; — du canal Miami 222, 225, 226; — du
canal de la Wabash, 235; — du canal du lac Michigan
au lac Erié , 245; — du canal Welland, 280. — Difficultés d'alimentation du canal projeté de la baie de Massachusetts au détroit de la Longue-Ile , 332. — Alimentation du canal de la Delaware à la Chesapeake, 559;
—du canal Morris ; lac endigué, 479.— Voir Barrages.
Eaux pluviales, Portes, Réservoirs, Rigoles.
ALIMENTATION D'EAU de la ville de Philadelphie , I, 448,
449, 456; — de New-York; travaux, dépense, etc. II,
529, 530.

ALLEGHANY (rivière) , affluent de l'Ohio , I, 37 , 40 , 68,
127, 321, 325, 420, 511.—Communique avec le canal Erié
par le canal Genesee;—Projet de jonction avec la branche
occidentale de la Susquehannah, I, 485, 508.— Navigation de l'Alleghany, à partir d'Oléan; les bateaux à vapeur remontent à une centaine de kilomètres plus bas ;
transport, des marchandises , 484. — De la nécessité
d'améliorer l'Alleghany au-dessus de Franklin , jusqu'à
Kittaning, 513.—Rigole navigable, latérale, de Kittaning,
à Freeport, I, 420, 513. — Canal latéral, de Pittsburg au
confluent du Kiskiminetas , I, 417.
ALLEGHANYS (monts) ou APALACHES, I, 1, 2, 28, 30, 33. —
Description générale, 17 à 21. — Hauteur moyenne, 115.
—Hauteur qu'y franchissent les canaux et les chemins de
fer, 116. — Sont le seul grand obstacle à l'ouverture
de voies de communication sur le sol des Etats-Unis
actuellement habité , 119, 325. — Cours d'eau s'ouvrant
un passage au travers des crêtes des Alleghanys, I, 19,
506; II, 41, 98, 114, 163.
— (Traversée des) par le chemin de fer du Portage, I, 596 ;
— par le chemin de fer de Baltimore à l'Ohio : tracés
divers proposés, II , 26 ; — par le canal de la Chesapeake à l'Ohio, 46 à 49; — par un chemin de fer destiné
à compléter l'artère de Virginie, de l'est à l'ouest , tracés
proposés,112;—par le chemin de fer de Charleston à l'Ohio;
tracés proposés, 161 à 166. — Comparaison de ces divers
tracés entre eux, tableaux, 164, 165. — Récapitulation
des lignes allant de l'est à l'ouest au travers des Alleghanys, 531 à 537 tableau. — Longueur totale et partie
achevée en 1842, 548.
ALLEGHANYTOWN, I, 418; II, 533.
ALLEN (M. Horace), II, 141, 167.
ALLUVIONS (effet des), II, 556,557.
ALTON au bord du Mississippi :
— (Chemin de fer d') vers Terre-Haute (Indiana), coupant
le chemin de fer Central d'Illinois à Shelbyville, II, 262,
265, 264, 559.
— (Chemin de fer d') à Mount-Carmel sur la Wabash,
coupant le chemin de fer Central,non loin de Salem, II,
262, 265, 540.
— (Chemin de fer d') à Shawneetown, par Lebanon, cou-

pant le même chemin plus au sud, II , 262, 265, 540.
Rameau de Belleville liant les deux chemins précédents,
262, 263.
AMBOY (chemin de fer d') à Camden, près de Philadelphie,
I, 372, 384; II, 356, 357, 542.—Tarif, I,360.—Exactions
de l'Etat de New-Jersey, 365. — Description générale ;
détails d'exécution et d'exploitation, II. 393 à 402.
AMÉLIORATION DE RIVIÈRES. Voir Arbres échoués, Bancs
de sable, Dérivations, Epis, Jetées, Rocher.—Amélioration du Black River, I, 180, 181 ; motifs qui ont fait pré-
férer les jetées et les digues longitudinales aux barrages
accompagnés de dérivations et d'écluses, 181. — Cas où
l'emploi des barrages est avantageux; de l'enlèvement
des bancs de sable, 196. —Préférence donnée aux canaux
latéraux en Pensylvanie, 483.— Du mode d'amélioration
de rivières qui dispense de chemins de halage, 484, 521;
II, 351, 545.—Deux espèces principales de travaux d'a-
mélioration, en Amérique, 545, 546. — Enlèvement de
rochers, II, 317.—Barrages préférés aux digues transver-
sales pour creuser le lit de l'Ohio; ce fleuve se prêterait
bien à recevoir des barrages mobiles, 548. —Trois systèmes proposés pour améliorer les passes du Mississipi,319.—
Préférence donnée au dragage; détails sur les opérations
auxquelles il a donné lieu,320.—Extirpation des chicots ou
arbres échoués,321,357.—Barrages de retenue et lâchures,
463.—Exhaussement du plan d'eau par chacun des barrages du Lehigh, 465.—Ecluses et barrages sur le haut Lehigh, 466.—Amélioration de l'Hudson, I, 189 à 196;—du
Shenandoah, I, 132; II, 63;—de la Monongahela, I, 521;
—du James River, II, 95;—du Kanawha, 98;—de l'Appomattox, 117, 545, 546; — du Rivanna, 118, 545, 546;—
du Slate-River, 119;—du Roanoke,124 à 126, 545, 546;—
du Rappahannock, 126; — des rivières de la Caroline du
Sud, 139;—du Will's Creek, 218;—du Muskingum, 219,
545, 546;—du Hocking, 219; — de la Wabash, 236;—
du Rock River, 267; — de la Trent, 275; — du Grand
River, 288;—du Saint-Laurent, 291 à 305;—du Mississipi de l'Ohio, 316 à 323. — Sommes votées par l'Etat
d'Illinois pour l'amélioration de ses rivières, 262.—Amélioration du Licking, 329, 545, 546;—du Kentucky. 330,
545, 546; — du Green River, 330, 545, 546;—de la Rivière Rouge, 336 à 338, 345, 546, — du Lehigh, 405,
464, 465;—du Tay, 544, 545, 546.
AMENDES pour infraction aux lois et réglements sur les canaux; affectation de leur produit aux dépenses des canaux
(Etat de New-York), I, 198.
AMÉRICAINS.—Supérieurs aux Européens pour l'activité commerciale, I, 168. — Esprit industrieux de la Nouvelle-
Angleterre, 291 ; II, 187.—Emploi du dimanche, I, 304.
— Persévérance déployée pour l'exécution du canal de
l'Union, 481. — Défaut de persévérance des populations
méridionales, II, 140. — Caractère des colons de l'Ouest,
189, 190; grandeur de leurs entreprises en fait de travaux publics, 190.—Sagacité déployée dans la canalisation de l'Etat d'Ohio, 202.—Témérité de l'Etat d'Illinois
dans ses entreprises de travaux publics, 260; crise financière qui en est résultée, 264; charges que s'est imposées
cet Etat pour satisfaire ses créanciers, 265. — Résolution
raisonnée de la province du Haut-Canada comparée à l'i-
nertie des Etats européens, en matière de travaux publics,
296.—Le Canada a mené de front trop d'entreprises à la
fois, 304.—Les Américains font un emploi fréquent de la
machine à vapeur, 325. — Activité des populations des
Etats du Nord, 371, 372.—Chômage de quelques chemins

de fer le dimanche, 378. — Indications diverses relatives aux mœurs, au caractère, etc., I, 245, 274; II, 449, 451.

ANDES (cordilière centrale des), I, 2, 113.

ANDROSCOGGIN (rivière). *Voir* Merrimack.

ANNAPOLIS (chemin de fer d') et d'Elkridge, s'embranchant sur le chemin de Baltimore à Washington, II, 36, 61, 542.

ANTHRACITE. *Voir* Combustible, Mines. —Développement qu'en a pris l'exploitation, I, 450, 451. — Mouvement sur le canal du Schuylkill, 460 *tableau*, 462. — Désavantage qu'offre ce canal à raison du climat comparativement au chemin de fer, par rapport à l'exploitation, 463. —Mouvement sur le canal du Lehigh, II, 469, 471; — sur le canal Morris, 480. — Est le combustible préféré pour les usages domestiques, II, 55, 448. —(Transport de l') sur le canal du Raritan à la Delaware : par qui effectué, 355. — Gisements, 463, 472, 473. — Voies de communication créées en grand nombre pour le transport de l'anthracite, très-peu pour le transport de la houille proprement dite, 447. —Gîtes d'anthracite de la Pensylvanie, trois bassins; usages métallurgiques, manufacturiers et domestiques de cet anthracite, 448; configuration et étendue des trois bassins, 449; extraction année par année, 450; mouvement maritime qui résulte de l'exploitation de l'anthracite, 451. —Des mines d'anthracite que possède la France; on pourrait en tirer un plus grand parti; essais heureux pour l'emploi de l'anthracite en France, 451. —Tableau des canaux et des chemins de fer construits pour ouvrir des débouchés aux mines d'anthracite, 452 ; lignes débouchant dans l'Hudson, 455 à 462; lignes pénétrant dans le terrain anthraxifère, par le Lehigh, 463 à 491; lignes servant à l'écoulement de l'anthracite par la vallée du Schuylkill, 493 à 525. —Frais d'extraction, 473. —*Id.* de transport, 473. — Mouvement commercial, I, 460 *tableau*, 462; II, 473.

ANTOING. *Voir* Pommerœul.

APALACHES. *Voir* Alleghanys.

APPAREILS. *Voir* Battage de pieux, Chèvre, Combustible, Drague, Grues, Plans inclinés, Pompes.

—de sûreté contre les accidents sur les plans inclinés des chemins de fer, I, 404. *Voir* Neige.

APPOMATTOX, affluent du James-River, II, 94. —Cataracte, I, 24, 27. —Premiers essais de canalisation, 134. —Travaux d'amélioration, II, 117, 118, 129, 455, 456.

—(Canal projeté du Haut) au James-River, 118. —Navigabilité de l'Appomattox, 419. — Mouvement commercial ; concurrence avec le chemin de fer de City-Point, 425.

AQUEDUC servant à amener à New-York les eaux du Croton, dimensions, II, 529. —*Voir* Ponts-aqueducs.

ARBRES : leur haute stature en Amérique, I, 70. —*Voir* Bois.

ARBRES échoués, ou chicots (*snags*), obstacle à la navigation sur le Mississipi et l'Ohio, II, 272. —*Id.* sur le canal de Louisville à Portland, 308; — sur le Cumberland, 333. —Détails sur ce genre d'écueils et sur les procédés employés pour leur extraction, 321 à 324, 336 à 338. — *Voir* Bois de dérive.

ARBROATH, localité d'Angleterre.

—(Chemin de fer d') à Dundee, I, 376, 378; — à Forfar, 376, 378.

ARCHES de pont. —Dimensions, I, 157, II, 554. —Arceaux en bois à grande portée, I, 517 ; II, 555, 556 et pl. XVI, fig. 6 à 18; 558 et pl. XVII, fig. 1 à 6. —Arcs en bois formés de plusieurs cours de pièces, I, 418.

ARKANSAS État), I, 5, 6, 8 à 11; II, 156, 265, 337.

ARKANSAS (rivière), description, I, 86. —Extirpation des arbres échoués, II, 324.

ARNOUX (M.) ingénieur français, I, 385.

ARRET (pièce en fer servant d') sur un plan incliné, II, 515, 516.

ASHEVILLE (convention d'), II, 167.

ASNIÈRES (pont d') sur le chemin de fer de Saint-Germain : données principales, II, 574. — Quantité de fer et de bois employée; comparaison avec le pont de Richmond, 574.

ASSECHEMENT. *Voir* Tranchées.

—(Chemins de fer), fossé transversal, I 335; II, 249. —Fossés latéraux, II, 37, 249, 412, 420, 516. — Dimensions des fossés, II, 375. — Dépense, 397.

—Ponts de Town, 571.

ASSURANCE de marchandises, (chemins de fer), II, 379.

ASTOR (M. J. J.), I, 262.

— (Hôtel d'), II, 555.

ATCHAFALAYA II, 339. — (Chemin de fer de l'), 336.

ATELIERS de chemins de fer. — Isolement des villes ; logement des ouvriers, I, 541. —Frais d'établissement, par kilomètre, II, 146, 427.

ATHÈNES, ville de Pensylvanie à l'embouchure du Tioga ou Chemung dans la branche nord-est de la Susquehannah, I, 487 à 491.

ATHÈNES, ville de Géorgie. *Voir* Decatur.

ATLANTIQUE (région de l'). — Description, I, 17 à 31.

ATLANTIQUE (chemin de fer de l') à l'Ouest (Géorgie), II ; 161, 170. — Description, 177. — Longueur exécutée en 1842, 537. *Voir* Littoral.

ATTERRISSEMENTS: —produits par le Mississipi, I 74; II, 318, 319; — des lagunes de la côte de l'Atlantique, II, 367.

ATTICA. *Voir* Rochester, Buffalo.

AUBURN. *Voir* Rochester, Syracuse.

AUGUSTA, ville de Géorgie, sur la Savannah, I, 29; II, 140, 148, 171. —(Distance d') à la rivière Tennessee et à Knoxville, 178.

—(Chemin de fer d') à Savannah, projet, II, 180.

— (Chemin de fer d') à Covington (Géorgie), 543. — Description, 176. —Longueur, dépense, 556. *Voir* Charleston Decatur.

AYCRIGG (M.) I, 440, 475, 485, 508, 509.

B

BACHE (le major H.), I, 496.

BAGAGES. *Voir* Exploitation.

BAIRS du versant atlantique de l'Amérique du Nord, I, 27, 28; II, 331.

BAIL pour l'exploitation d'un chemin de fer, II, 415, 425.

BAILEY (M. J. P.), I, 338, 339, 505.

BAINES (M.), II, 152.

BAIRD (M.), II, 285.

BAÏSE (canal de la) en France, destination, utilité, II, 483.

BAJOYERS, dimensions, II, 465.

BAKEWELL (M.), II, 161.

BALD-EAGLE, affluent de la branche occidentale de la Susquehannah, I, 322, 323, 326, 484. — Canal latéral, I, 497, 498, 524 *note*; II, 452, 534, 543.

BALDWIN (M.), de Philadelphie, I, 273, 303, 342, 351 381, 585, 586, 588; II, 502.

BALDWIN (M. James F.), I, 300.

BALDWIN (M. L.), I, 469, 470, 474; II, 67, 76.

BALLENDINE (M. J.), I, 131; II, 94.

BALLSTON SPA. *Voir* Saratoga, Troy.

BALTIMORE, I, 13, 27, 500, 501; II, 7, 9, 25, 53, 87, 88, 151, 407, 425, 429, 430.

— (Port de), II, 7, 62, 151.

— (Communications de) avec l'Ouest, II, 86. — Le chemin de fer projeté d'York à Harrisburg profiterait à Baltimore au détriment de Philadelphie, II, 89.

— (Chemins de fer entre) et Philadelphie, II, 407 à 409, 542.

— (Traversée de) par des chemins de fer, 408.

— (Chemins de fer entre) et Charleston : 1re direction par Washington et Richmond, 410; 2e direction par la Chesapeake, Portsmouth, Weldon et Wilmington, 426. — Trajet comparé par les deux directions, 431.

— (Chemin de fer de) à l'Ohio, I, 118, 287, 330, 443, 507; II, 60, 63, 90, 132, 501 *note*. — Description générale; détails de construction et d'exploitation, II, 1 à 31, 533 *note*. *Voir* Harper's Ferry.—Embranchements, 32 à 42.— Prix de transport, I, 364, 573, 374. — Longueur, I, 506; II, 29, 154. —Tracé, pl. VI, fig. 2. — Tracé proposé qui eût utilisé le chemin de fer de Winchester à Harper's Ferry, II, 41. — Tracé au travers des Alleghanys; comparaison avec les chemins de fer du Portage et de Charleston à l'Ohio, 164, 165. — Subdivisions, embranchements; dépense, II, 535, 536 *tableaux*.—Partie exécutée à la fin de 1842, 535. — Jonction avec le chemin de fer de Philadelphie à Columbia, I, 330, 505; à quelles conditions concédée, 501, 502.—Jonction avec le chemin de fer de Philadelphie à Baltimore, II, 408.

—(Chemin de fer de) à la Susquehannah, I, 337; II, 535. — Tarif, I, 362.—Description générale, II, 86 à 89.—Jonction avec le chemin de Philadelphie à Columbia, I, 337.

— (Chemin de fer de) à Port Deposit, tarif, I, 365, 573.

— (Ligne directe de) aux grands lacs, I, 496.

—(Canal de) à l'Ohio; projet, II, 2.

—(Jonction de) avec le canal de la Chesapeake à l'Ohio, projet. *Voir* Maryland (canal de)

—(Route de) à Wheeling sur l'Ohio; prix des transports, I, 441.

—*Voir* Annapolis, Nouvelle-Orléans, Philadelphie, Pittsburg, Washington, Westminster, Wheeling.

BANCS DE SABLE. Cas où leur enlèvement du lit des rivières offre de l'inconvénient, I, 196.—Cas où c'est utile, *ibid*. — Enlèvement des bancs de sable ou de gravier de l'Ohio; épis, barrages mobiles, II, 317, 319.

BANGOR (chemin de fer de) à Orono, II, 529, 545.

BANQUES. Dépôts qui leur sont confiés par les Commissaires du Fonds des Canaux, I, 199 *note*, 201, 202. — Fonds de garantie des banques, 261 *note*. — Droits des Etats à leur égard ; révocation d'autorisation, 366 *note*. — Impôts sur leurs dividendes, 365. — Clauses onéreuses imposées à la banque des États-Unis lors du renouvellement de son privilège par l'Etat de Pensylvanie, I, 444 *note*, 523; II, 31. — Conditions des autorisations, II, 127, 170.— Obstacles que leur a suscités un esprit d'égalité absolue, 192. — Souscription de quelques banques à des travaux publics, 102, 127, 546.— Prêts, 58, 107, 146, 418, 424.—Emprunt de l'Etat d'Indiana pour sa banque, 251, 252.— *Id.* de l'Etat d'Illinois, 264. — Banques locales; influence fâcheuse qu'elles ont exercée en 1836 sur l'esprit d'entreprise, 260. — Edifices affectés aux banques, 553, 554. *Voir* Compagnies.

BARATARIA (canal), II, 559.

BARNSTABLE (baie de), II, 552.

BARRAGE. *Voir* Amélioration de rivières, Dérivations, Pertuis, Remous.

—Barrages établis dans le lit de cours d'eau pour le passage ou l'alimentation d'un canal, I, 158, 172, 196, 293, 294, 300, 391, 418, 450. 483, 484, 487, 488, 489, 512, 513, 516; II, 97, 110, 197, 218, 224, 240, 242, 243, 244, 280, 543, 344, 355, 365, 490, 524, 537 *note*.—Enumération et emplacement des barrages du canal Schuylkill, I, 456; —des canaux latéraux à la Susquehannah, 486, 491;— du canal latéral au James—River, II, 104.— Barrages du canal de la Chesapeake à l'Ohio ; dimensions et dépense par mètre, 51; solidité, 54. —Barrage: du Schoharie, I, 133; — du Shamokin, de 850 mètres de long, 482:—de Muncy, 483.—Bonne exécution des barrages dépendants du canal Ohio, II, 201; leurs dimensions, 202.— Grande élévation des barrages du canal de la Wabash, 234. — Accidents causés par les crues, I, 483, 513; II, 331, 343.—Inondation produite par le barrage de Dunnville (canal Welland), II, 282, 289.—Barrages en pierres sèches, II, 318.—Grands barrages à pierres sèches flanqués d'argile et de gravier du canal Rideau ; blocs, 343.— Barrage maçonné du canal d'alimentation de New-York, 529. — Barrages en bois, 344 ; — avec épaulement en maçonnerie; dimensions, 464. —Barrages formés de cadres de charpente remplis de pierres, 234.—*Id.* avec épaulements en maçonnerie; dimensions, 466. — Barrages à écluses, II, 218, 219, 236, 267, 268, 276, 288, 329, 330, 331, 344, 464, 547; effet produit, 330 ; dépense par barrage, 331.—Barrages mobiles; seraient utiles sur l'Ohio, 518. —Barrages formés par les glaces sur le Saint-Laurent 297, 299.

BARRES : Les baies du nord des Etats-Unis en sont exemptes, I, 28.—Existent à l'embouchure des rivières affluentes des lacs, 1, 39, 43, 55; II, 202.—Barre du Mississipi, difficile à franchir, I; 80, travaux d'amélioration, II, 319, 320, dépense, 846.

BARTON (M.) I, 96, 98, 111.

BAS-FONDS très rares ou nuls dans les grands lacs de l'Amérique, I, 39.

BASSIN : de Black-Rock (canal Erié), I, 155 ; — d'Albany (même canal), 157, 210; —de Columbia et de Hollidaysburg, 393; — de Johnstown, 419;—de Pine Grove ;— de Middletown (canal de l'Union), 471, 476. — Bassins des canaux latéraux à la Susquehannah, 483, 484, 487.— Bassins du canal de la Chesapeake à l'Ohio, II, 45, 48, 53;—du canal du James-River, 104, 111 ; — du canal Ohio, 198, 199, 202;—des canaux de l'État d'Indiana, 242 à 244;—d'Illinois, 257, 258; — du canal de jonction des lacs Erié et Ontario, 290.— Bassin de New Brunswick (canal du Raritan à la Delaware), II, 354.—Double bassin de Lockport et de La Salle (Illinois), 258.—Bassin du canal Wisconisco, 525;— du canal du Walhonding et du Mohican, 537 *note*. — Formes sèches (*dry docks*) des arsenaux maritimes de Gosport près de Norfolk et de Charlestown près de Boston ; belle exécution, 554.

BASSINS HYDROGRAPHIQUES. *Voir* Mississipi, Saint-Laurent.— du versant de l'Atlantique, I, 17, 19.—Bassins descendant du Blue-Ridge, 20.—*Idem* du Cumberland, 20. —*Idem* de l'Alleghany, 19.— Tableau des bassins du versant de l'Atlantique, longueur, largeur, superficie, 22.—Tableau des bassins qui avoisinent le delta du Mississipi, longueur, largeur, superficie, 81.

BATARDEAUX employés pour les fondations du pont-aqueduc de Georgetown, description, détails d'exécution, etc., II,

68 à 71.—Détail des dépenses, 73, 74.—Explication des planches, 81 à 84. — Emploi aux fondations du pont de Black-Rock, 497, 554.

Batavia. *Voir* Rochester, Buffalo.

Bateaux. *Voir* Navigation, Remorquage, Vitesse.—(Diverses sortes de) qui parcourent les canaux de l'Etat de New-York, *packet boats, line boats, barges,* I, 242. — Détails sur le service de ces bateaux, 245. — Comparaison avec les bateaux qui naviguent sur les canaux français, 245.— Bateaux en usage sur le Saint-Laurent, II, 294 *note*; sur l'Ohio, 310. — Droits de péage sur les bateaux. *Voir* Tarifs (canaux).— Nombre des bateaux passés annuellement à diverses écluses, I, 248. *Voir* Mouvement commercial.— Dimensions, II, 482.—Poids du bateau vide, 484.—Poids du chargement, II, 96, 97, 294, 456, 482.— Contenance la plus avantageuse au commerce, II, 491.—Renouvellement plus fréquent sur les canaux à plans inclinés, II, 481.—Méthode de jaugeage usitée en Amérique, II, 511 *note*. — Précaution adoptée dans la construction des bateaux pour le cas où la coque se creverait contre des écueils, 524.

—Bateaux à vapeur. Prix d'acquisition, 396. — Grand bateau à vapeur servant à relier deux tronçons de chemin de fer et marchant même pendant la gelée, 408. *Voir* Navigation à vapeur.

—Bateaux rapides pour les voyageurs, d'une construction particulière, sur le canal du Raritan à la Delaware, II, 356.

—Bateau (double) pour l'enlèvement des rochers du lit du l'Ohio, II, 517.

—Bateaux dragueurs sur le Mississipi, II, 520.

— Bateau arracheur des arbres échoués sur le Mississipi, 521, 522.

Bates (M.), II, 194.

Baton-Rouge (chemin de fer de) à Clinton, II, 539, 540.

Battage de pieux et de palplanches, II, 68, 70, 142; dépenses, II, 74. — Sonnette mue au moyen d'une roue à marcher, 75, 76.

Baughman (M.) II, 449.

Bayfield (le capitaine), I, 38.

Bayons du Mississipi et de ses affluents. —Définition, I, 73; II, 337.—Description et énumération, I, 78, 87; II, 336. —Comblement, 537, 338.

— (Canaux au travers des), 539.

Bazaine (le général), I, 121.

Beaucaire (canal de), en France. Tarif, I, 429.

Beaufort (rivière de). *Voir* Neuse.

Beaver (grand et petit); affluents de l'Ohio, I, 88, 521, 324.—Canal du petit Beaver, 521.

— (Canalisation du).—Description, I, 515, à 521; dépense, 525; entretien, 526; destination, II, 271; subdivisions, longueur exécutée en 1842, dépense, 537.

— (Canal du) au Sandy, II, 207, 537. Description générale, 216, 217. *Voir* Ohio (canal d').

Beaver (ville) au confluent de l'Ohio et du Beaver, 1, 519. *Voir* Franklin.

Beaver Meadow (chemin de fer de), II, 453. 473, 544.— Convention avec la compagnie de Hazelton, *ib.*—Jonction avec le chemin de la Catawissa, 474, 475.

Belfield. *Voir* Petersburg.

— (Chemin de fer de) à Gaston, II, 425.

Belgique (chemins de fer de). — Dépense de construction, I, 345.—Entretien, 547.—Traction, 351, 370, 371. —Circulation, service, 379. —Prix des places, 278, 575. —Tarif des marchandises, 558.

Belleville (Illinois) (chemin de fer de) à Lebanon et à Edwardsville, II, 262, 263, 540. *Voir* Alton.

Bénéfice. *Voir* Dividende, Produit.— Limitation des bénéfices futurs de la compagnie du canal de la Chesapeake à l'Ohio, II, 60.

Berme de canal, II, 294, 308.

Bernard (le général), ingénieur français, II, 27, 44, 46, 47, 49, 50, 54, 56, 204, 307, 353, 354, 552, 559, 568, 369.

Berry (canal du) en France. Dimensions, I, 459.—Données principales, 421.

Bineau (M.) ingénieur français, I, 278, 318, 347, 356, 570, 371, 376.

Birmingham (chemin de fer de Londres à). Tarif, I, 278, 279. Dépense, 344. Entretien, 347. Frais de traction, 356, 370. Diverses classes de voyageurs, 376.

— (Chemin de fer de) à Newton. *Voir* Grande Jonction.

— (Chemin de fer de) à Gloucester, I, 388.

Black-River, I, 297; II, 194.

—(Canal du), I, 451; II, 533. —Son point de jonction avec le canal Erié, I, 462. — Description, 180, 481.—Frais de construction, 204, 205. —Pourquoi le système des écluses a été préféré à celui des plans inclinés, II, 484, 483.

— (Amélioration du), I, 181; II, 533.

— (Rigole navigable du), I, 181; II, 533.

Black-Rock (Etat de New-York), I, 250. *Voir* Buffalo.

Black-Rock (Pensylvanie)—(Pont de), II, 494, 497; description détaillée, 554.

Black's Eddy (écluse nécessaire à), II, 468.

Blackstone (canal du), I, 305; II, 532.—Description, I, 313.

Blakwall (chemin de fer de), I, 416.

Blés. Mouvement commercial, I, 224, 233, 238, 464, 551, 534; II, 210, 211, 212, 286, 287, 547, 366. — Droits de péage, I, 255, 337, 367, 424, 425, 426, 427, 428 à 431, 436, 478; II, 115, 346, 337, 361.—Prix du transport, I, 337, 368, 440.—Les blés de l'Ouest tendent à se diriger vers e Saint Laurent; pourquoi, II, 288.

Bloomington (chemin de fer de) à Warsaw sur le Mississipi avec ramification de Mackinaw à Pékin; (embranchement du chemin de fer Central d'Illinois), II, 261, 539.

Blossburg (chemin de fer de) à Corning, II, 448, 532 *note*, 543.

Blue-Ridge, crête des Alleghanys, I, 18, 19, 20; II, 24, 56, 98, 161.

—(Canal du), en Virginie, II, 98, 99, 108. Produits, 100.

Boblaye (M.) géographe français, I, 40.

Boggs (M.), I, 320.

Bois. *Voir* Combustible, Charpente.—Dure moins en Amérique qu'en Europe, 1, 70, 157.—Durée de diverses espèces de bois, I, 269, 335. —Bois de construction; localités qui en fournissent, II, 53, 288, 292, 365, 465. Prix, II, 38, 517, 518, 562, 566, 567, 574, 578.— (Canal destiné principalement au transport du), II, 365. — Quantité de bois transportée sur l'Alleghany, I, 185; —sur le canal Erié, 247, 252. *Voir* Mouvement commercial.— Le bois en train, sur les canaux, paye une taxe plus élevée que le bois en bateaux; c'est le contraire en France, 255 *note*, 434; II, 346 *note*, 357 *note*. — Droits perçus sur les chemins de fer, I, 357, 358, 410;— sur les canaux, 255, 257, 425, 463, 478; II, 346, 357, 361, 466.

—Bois qu'il convient d'employer pour longrines, préservation contre l'humidité, II, 8, 9. — Préparation par le deutochlorure de mercure, II, 72. — Goudronnage; dépense,

144, 507.—Composition pour préserver les bois de charpente de l'incendie, 404. — Bois employés à la superstructure des chemins de fer : préparation, 405; prix, 443.— Différentes espèces désignées sous le nom de chêne blanc, 412.—Le bois jouera toujours un très grand rôle dans les édifices américains, 555. — Nature du bois employé dans les ponts de Town, 570, 573, 577.—Quantité de bois employée au pont de Richmond et au pont d'Asnières, 573, 574;—au pont biais en treillis sur la route du Centre, 581.—(Grande quantité de) employée à la construction primitive du chemin de fer de Charleston à Augusta, 142; le bois a été, en général, abandonné gratuitement à la compagnie, 146.

Bois de dérive, obstacle à la navigation sur le Mississipi et ses affluents, I, 79, 87;—sur le Santee, II, 138;—sur le Will's Creek, II, 218.

—(Enlèvement des) sur la Wabash, II, 236. Immense radeau enlevé sur la rivière Rouge, II, 325, 336 à 338.

Bois-le-Duc (canal de) à Maestricht, tarif, I, 437, 439.

Bordage de pont, II, 563 et pl. XVI, fig. 11, p. 369 et pl. XVIII, fig. 9 et 11, ss, st., p. 571, 572 et pl. XIX, fig. 3 et 4, ss, 575, 579.—Voir Toiture.

Bordentown, II, 353, 368.

—(Chemin de fer de) à Amboy, II, 393;—à Camden, 393;—à New-Brunswick par Trenton, 393, 401, 542; description générale, 404.

Borgne (lac) : (chemin de fer de la Nouvelle-Orléans au), II, 340, 454. —Voir Vincent's Harbour.

Boston, I, 15, 18, 27, 169; II, 151, 154, 382, 451, 554.

—(Trajet de) : au lac Érié, en chemin de fer, I, 311 ; — à New-York, en chemin de fer et en bateaux à vapeur, 212.—Développement de l'artère de chemins de fer au nord de Boston, II, 382.—Double ligne de chemins de fer de Boston à New-York, l'une par Providence, Stonington et la Longue Île, l'autre par Worcester, Norwich et la Longue Île, 383, 386; longueur du trajet par chacune de ces lignes, 390. —Fortifications de Boston, 555.

—(Canal de) au Merrimack. Voir Middlesex.

—(Canaux projetés pour lier) avec le détroit de la Longue-Île et la baie de Narragansett, II, 352.

—(Canal de) au Connecticut, projet non exécuté, I, 293, 299.

—(Chemin de fer de) au réseau des lacs et à l'Hudson (Western railroad), I, 275 ; II, 162 note, 440. Description générale, I, 300 à 311. Énumération des diverses parties de ce chemin et de ses ramifications, variantes et embranchements, II, 551, 552 tableau. Ponts en bois; système adopté, 557. — Voir Albany, Hudson, West-Stockbridge, Worcester.

—(Chemin de fer de) à Lowell, I, 504. Tarif, 305, 365 et 574. Dépense, 343, 544. Circulation; frais d'entretien, II, 422. Description générale; exploitation, II, 374 à 378.—Embranchement de Charlestown, 378.—Prolongement jusqu'à Dover et à Concord, 459.

—(Chemin de fer de) à Providence, I, 504; II, 6, 439, 542, 557.—Tarif, I, 505, 560, 565 et 574.—Frais d'entretien, II, 423.—Description générale; exploitation, 383 à 387.—Embranchements, 387, 388, 542.

—(Chemin de fer de) à Salem et à Portsmouth ou chemin de fer de l'Est, II, 459. Description générale; exploitation, 380 à 382.

—(Chemin de fer de) à Worcester, I, 288; II, 459.—Tarif, I, 574. —Détails d'exécution et d'exploitation, I, 300 à 305. — Longueur, dépense, II, 551.

—(Chemin de fer entre) et Dover, chemin dit de Boston au Maine; chemin dit de Boston à Portland. Détails d'exécution et d'exploitation, II, 373, 374.—Longueur, dépense, 541.—Emprunt du chemin de Boston à Lowell, 377, 378.

Bouchette (M.), géomètre du Canada, I, 37, 38, 49, 51, 101, 129, 130.

Bourgogne (canal de), I, 115, 118, 509. Pente rachetée, 116. Réservoirs, 179. Dépense, 205. Données principales, 421.

Bourne (M.), I, 68.

Bowman (le lieutenant), II, 325.

Bradbury (M.), I, 72.

Branchville. Voir Columbia.

Brandon. Voir Jackson.

Brandt (M.), I, 551.

Brandywine (rivière), I, 353.—(Pont sur la); dimensions, dépense, II, 562.

Brantz (M. L.), I, 95 à 98, 111.

Brewerton (le capitaine), I, 195, 196.

Briare (canal de), I, 421. Tarif, 429, 431.

Bridgeport. Voir West-Stockbridge.

Bridgewater (canaux du duc de), en Angleterre, II, 481.

Briggs (M.), II, 113.

Briques (constructions en). Écluses en France, I, 164 note; — en Amérique, II, 138.—Voûtes; dépenses, 517. — Pierre talqueuse remplaçant la brique réfractaire, 11, 55. — Substitution du granit et du marbre, 554. — Piles creuses en brique, 567.

Brise-glaces, sur les îles et les jetées de l'Hudson, projet, I, 194;—du pont aqueduc de Georgetown sur le Potomac, II, 66;— du pont de Blac-Rock; dépense, 497, 554.—Éperon servant à protéger un batardeau, II, 71.

Brise lames, II, 442.

Brisson, II, 252.

Bristol, extrémité inférieure du canal latéral à la Delaware, I, 326, 536; II, 471, 490.—Mouvement commercial en 1838 et 1839, 534.

Broad-River, I, 22; II, 138 —(Canal latéral au), II, 139, 541.

Brooklyn (ville), II, 389.—(Chemin de fer) à Jamaïca, 390.

Brown (M.), gouverneur de l'État d'Ohio, II, 493.

Brunswick (port), avantages de sa situation, II, 368, 455. —(Chemin de fer de) à l'Alatamaha, tarifs, I, 564, 573. —(Canal du) à l'Alatamaha, II, 474, 541.—(Chemin de fer) au golfe du Mexique, projet, II, 481, 455.

Bruxelles (canal de), au Rupel, tarif, I, 438;—à Charleroi, I, 437; tarif, 438.

Buat (du), II, 50.

Budget. Voir Fonds.

Budweis (chemin de fer de) à Linz, I, 119, dépense, 545.

Buffalo, I, 14, 250, 252; II, 245, 279, 289, 290.—Est l'une des extrémités du canal Érié, I, 163.—Son port est inférieur à celui d'Oswégo à l'égard du dégel, 175; II, 288.—Influence du canal Érié sur sa prospérité, I, 243. —Mouvement commercial : exportation, 236, 537, 538; importation, 239, 538.—(Péages du canal payés à), 240 —Importance que retire le canal Welland du retard de l'ouverture de ce port, II, 288. — (Chemins de fer de) : à Batavia, I, 273;—à Lockport; 274 ;—à Black-Rock, 275, 374; II, 534 ; — à Attica, 534.

Buisson (le major), II, 319.

Burden (M.), II, 356.

Bureau ou comité des travaux publics, —des États-Unis,

I, 141,333. II, 44, 205, 552, 568;—de l'État de Massachusetts, I, 500;—de l'État de Virginie, II, 43, 95, 117, 121, 125;—de la Caroline du Sud, II, 140 ;—de l'État d'Ohio. Ses attributions étendues, II, 213, 218, 328;—de Kentucky, 329. *Voir* Commissaires.

BURLINGTON (chemin de fer de la baie de) à Fort-Edward, II, 276.

BURR (ponts du système de), I, 418; II, 248 *note*, 497.—En quoi ce système diffère des anciens ponts de bois, II 555; il est moins dispendieux, 556.—Description détaillée du système de Burr, 557 à 565, pl. XVI, fig. 2 à 5, et 11; et pl. XVII, fig. 2 à 6.—Comparaison avec le système de Town, 558, 565.

BURY (M. Ed.), constructeur anglais.— (Machines locomotives de), I, 303 ; II, 423.

BUZZARD (baie de), II, 552.

BY (le colonel), II, 542, 343.

C

CABELL, II, 105.

CABLES (plans inclinés); dépense, I, 339—Frais d'entretien, I, 346 *note*. — Chaîne de fer préférée à une corde; disposition pour éviter un trop grand frottement sur la poulie, II, 510.

CABOTAGE.—Ligne de navigation intérieure parallèle à l'Atlantique pour le cabotage, II, 352 à 369.—Plan de M. Gallatin, I, 157.—Cabotage sur l'Hudson, 172.—Rapport du tonnage du cabotage à celui de l'ensemble de la navigation en France, 220 *note*, 221.—Célérité en Amérique, II, 593.

CAISSE. *Voir* Fonds.

CAISSE à eau employée sur un plan incliné de chemin de fer; description, II, 511, 514 et pl. XV, fig. 8 à 11.

CAISSONS (emploi de) pour la fondation des piles du pont de Georgetown, II, 70, 83; dépense, 74.

CALCAIRE :— bleu, sol favorable à la culture dans les Alleghanys, I, 19, 20.—Infiltrations des cours d'eau au travers des terrains calcaires, 452, 470. — Largeur de la basse Susquehannah dans les terrains calcaires, 499.

CALÉDONIEN (canal), tarif, I, 437.

CALHOUN (M.), ex-ministre de la guerre, I, 7, 140 ; II, 168.

CAMDEN. *Voir* Amboy.

CAMDEN (ville de la Caroline du Sud), II, 140.

CAMPBELL (M. W. S.), II, 433.

CANADA. Topographie, II, 24; climat, 101; population, II, 277; travaux publics, II, 276 à 305; commerce avec les États-Unis, 287.

—(Péninsule du haut); lignes commencées ou projetées au travers de cette péninsule, II, 275, 276.

CANAJOHARIE (ville). *Voir* Catskill.—Sa position sur le canal Érié, I, 161.

CANAL pour alimenter d'eau la ville de New-York; description, dépense, etc., II, 529, 530.

CANAUX. *Voir* Alimentation, Bateaux, Chûtes d'eau, Chômage, Dépense, Écluses, Embranchements, Entretien, Étanchement, Financière (histoire), Halage, Longueur, Manœuvre d'eau, Mouvement commercial, Niveau, Pente, Personnel, Pertes d'eau, Plans inclinés, Plantations, Point de partage, Ponts-aqueducs, Produits, Revêtement, Sections, Talus, Tarifs, Tracé, Traction, Tranchées, Transport (frais de), Tunnels, Utilité, Vitesse, Voyageurs (service des).—Difficultés d'établir des canaux débouchant dans le bassin du Saint-Laurent par la rive droite, 48 ; *id.* par la rive gauche en aval de Kingston, *ibid.* — Canal à établir au travers de la péninsule Floride, 81. — Facilités du sol en Amérique pour l'ouverture de canaux, principalement entre les deux bassins du Mississipi et du St-Laurent, 120; II, 269.—Premiers essais de canalisation, I, 129 à 133. —Canaux reliés par des chemins de fer; dans quels cas préférables aux canaux continus, II, 99.

—Projet d'un canal maritime le long du James-River au-dessous de Richmond, 110. — Canal maritime de Savannah au grand Ogechee, 174 ;—de la Delaware à la Chesapeake, 358. —Projet de canal maritime latéral sur une partie du cours de l'Hudson, I, 189.

— De la nécessité de séparer complétement le lit des canaux de celui des cours d'eau dans certains pays, I, 112 ; II, 206, 220. — Parties de canaux établies dans le lit de cours d'eau, I, 153, 154, 158, 171, 175, 176, 182, 294, 390, 392, 417, 458, 483, 494 ; II, 45, 97, 198, 199, 216, 234, 240, 257, 280, 281, 343, 455.—*Id.* avec ouvrages défensifs contre les crues, II, 197, 199.—Substitution de ponts-aqueducs au passage en lit de rivière, I, 166. — Canal traversant des étangs, II, 197.

CANAUX français de 1821 et 1822, leurs tarifs, I, 430 à 432.

CANOTS d'écorce, mode de transport usité à l'origine en Amérique, I, 130.

CANTON, localité de l'État de Mississipi. *Voir* Natchez.

CAPITAL. *Voir* Richesse.

CAPITALE. Distinction entre la ville la plus considérable d'un État et sa capitale, I, 13 *note*, 390 *note*.

CARBONDALE (chemin de fer de) à Honesdale, II, 452, 453, 543. Description ; exploitation, 455 à 462.

CARLISLE. *Voir* Newcastle.

CAROLINE du Nord, I, 5, 6, 8 à 11, 26; II, 156. — Premiers travaux de navigation, I, 134.—Autorise une compagnie à améliorer le Roanoke, II, 125 ; montant de sa souscription à cette entreprise, *ibid.* — Concourt à l'établissement du chemin de fer de Charleston à l'Ohio, 169.—Canaux et chemins de fer établis sur son territoire, 134, 364, 425.

CAROLINE du Sud, I, 5, 6, 8 à 11, 17, 26, II, 137, 156.—Insuccès de ses premiers travaux de navigation, I, 134 ; II, 138 à 140. — Importations et exportations, II, 151.

—(Travaux publics de la) 140. Chaleur avec laquelle on y accueille le projet d'un chemin de fer de Charleston à l'Ohio, I, 168.

CARONDELET (canal), II, 539, 541.

CARROLTON. *Voir* Nouvelle-Orléans. — (Viaduc de) sur le chemin de fer de Baltimore à l'Ohio, II, 9, 551.

CARTHAGE. *Voir* Rochester.

CASCADES (canal des), au Canada, II, 293, 295.

CASPIENNE (mer).—Superficie, I, 37.—Comparaison avec les lacs de l'Amérique du Nord, 39. — Abaissement de son niveau, 41.

CASSELMAN, rivière, II, 47, à 49. Volume de ses eaux, 48.

CATARACTES :—que présentent les fleuves tributaires de l'Atlantique, I, 24.—(Ligne des), II, 120; direction, I, 25 ; elle partage le versant de l'Atlantique en deux zônes distinctes, 26, 51 ; elle est la ligne des grands ports, 27; et le point de départ des travaux de navigation artificielle 51.—Cataracte du Niagara, 39; cause de sa formation, 42. —Cataractes des affluents du lac Ontario 48;—du Saguenay, affluent du St-Laurent, 50. —Chûtes de Sainte-Marie, 52, II 275;—de Montmorency, I, 54.—Chûtes du haut Mississipi, 67. — Chûte de Louisville, sur l'Ohio, 69, 138; II, 272, 306. *Voir* Louisville (canal de) à Portland.—Hauteur de la cataracte de l'Ohio à Louisville, elle est praticable dans les deux sens pendant les crues, II, 506 ; hausse moins grande en bas de la cataracte qu'en haut, 507; tableau des

variations de la hauteur de la cataracte,*ib.*—Absence de cataractes sur une longue étendue du Mississipi et de l'Ohio, II, 506. — Cataractes du Missouri, I, 71;—des fleuves russes, 121;—du Mohawk, 155;—de la Génesee, 178,182; —du Black-River. 180;— du Merrimack, 293, 294; — du Connecticut, 296;—du Potomac; difficultés qu'elles ont opposées à l'exécution du canal de la Chesapeake à l'Ohio, II, 15, 16, 51; force motrice qu'elles fournissent, 55;— du James-River, II, 94, 95, 97, 111, 571; — du Kanawha, 98, 111;— de l'Appomattox, 118; — du Roanoke, 125; —du Santee, 138;—du Lehigh, 165,—du Schuylkill, 194.

Catawba, affluent du James River, II, 125. — Projet d'amélioration, II, 119.

Catawba, nom du Santee dans sa partie supérieure. *Voir* Santee. — Travaux d'amélioration, II, 139, 541.

Catawissa (chemin de fer de la), I , 495 ; II, 453, 475, 544. — Description, 474.

Catskill (chemin de fer de) à Canajoharie. Tracé, I, 275, 280, 510; partie exécutée à la fin de 1842, II, 531; emprunt, 532 *note*.

Catty (M.), officier anglais, I, 44.

Cayuga (canal) et Seneca, I, 150, 162. — Description, 176. Itinéraire, 186. — Frais de construction et d'exploitation, mouvement commercial etc. *Voir* New-York (Etat de). — Longueur, dépense, II, 552.

Cayuga (lac). —Approfondissement, I, 176.—Communique avec la Susquehannah, par le chemin de fer d'Ithaca à Owego, avec le canal Erié et le lac Seneca, par le canal Cayuga et Seneca.

Central (chemin de fer) de Géorgie. *Voir* Savannah; — d'Illinois, II, 261 à 264; subdivisions, 539, 540; — de Michigan, 273, 274, 275, 540.

Central (canal); Etat d'Indiana, I, 257, 330.—Description générale, 239 à 242,—Jonctions avec le lac Erié par le canal Wabash, 238, 243.— Subdivisions , longueur exécutée et dépense faite en 1842, 538, 539.

Centralisation. *Voir* Commerce.

Centre (canal du) en France. Tarif, I, 430, 431, 432.

Centre (pont biais en treillis sur la route du); chemin de fer de Philadelphie à Mount Carbon, I, 497.—Description détaillée, II, 580 et pl. XVIII, fig. 13 à 22.

Chair. *Voir* Coussinet.

Chambersburg, I, 325; II 87. *Voir* Gettysburg, Harrisburg, Pittsburg.

—(Chemin de fer de) à Williamsport sur le Potomac formant la jonction de la ligne de Philadelphie à Pittsburg avec le chemin de fer de Baltimore à l'Ohio, I,445,504, 507. Partie exécutée en 1842, II, 554.

Chambly (canal), II, 327 *note*, 535. — Description I,473.

Champlain (canal).—Historique, I, 149, 150.—Description générale 171, 172; Itinéraire, 172; point de jonction avec le canal Erié, 161; frais de construction et d'exploitation; mouvement commercial etc. *Voir* NewYork (Etat de). Longueur. dépense, II, 553.

Champlain (lac). Topographie; cause de sa formation, I, 30, 42.—Faible élévation qui le sépare du Saint Laurent et de l'Hudson, 42. — Alluvions existant entre l'Hudson et le lac Champlain, *ibid.* — Projet de chemin de fer destiné à le relier au Saint Laurent, 276. — Canal de jonction projeté avec le Connecticut, 297.

Chapelet de dragage, II, 78, 82.

Charleroi. *Voir* Bruxelles.

Charleston (ville de la Caroline du Sud), I, 15, 22, 28, 145, 289; II, 169, 135 *note*.

— (Canal de) au Santee ou canal du Santee au Cooper, II, 138.

—(Chemin de fer de) à Augusta, I, 145, II, 452, 536, 543. Tarif, I,364, 565,573, 574.—Description générale, II, 140 à 147. — Exploitation, 148.—Acquisition par la compagnie du chemin de fer de Charleston à l'Ohio, 169, 170.

—(Chemin de fer de) à l'Ohio, I, 118; II, 42. Tarif, I, 364, 373.—Considérations générales,II,150 à 161.—Tracé,161 à 167.—Travaux effectués, 167 à 171.—Longueur du trajet,166.—Subdivisions; longueurs exécutées en 1842,536.

—(Chemins de fer de) à Baltimore; double direction,II,110 à 131. — Trajet comparé par les deux directions, 131.

—(Chemins de fer entre) et la Nouvelle Orléans, 132 à 136.

—(Route de) au col de Saluda par Columbia , II, 139.

—(Ligne de navigation projetée de) à l'embouchure du Sainte-Marie ou du Saint-Jean, II, 568.

—(Bonne situation de) pour devenir une métropole commerciale, II, 138, 147, 156, 157. — De son exportation en coton, comparée à celle des autres ports de l'Union, en 1834, 157, 158. — Rivalité avec la ville de Savannah , 147.157, 171, 178, 179, 180.
Voir Columbia, Knoxville, Savannah.

Charlestown ville sur la ligne du chemin de fer de Winchester à Harper's Ferry, II, 59.

Charlestown, , sur le Kanawha, sera probablement l'une des extrémités d'un chemin de fer destiné à compléter l'artère de Virginie, II, 114, 115. *Voir* Covington.

Charlestown, près de Boston.
—(Chemin de fer de), II, 378, 379, 580, 542.
—(Formes de, 551.

Charpente. *Voir* Batardeau, Pont, Remblais.
—Détail des dépenses de travaux de charpente , II, 518 , 520. — Dépense collective, 581, 417. — Prix du mètre courant de la charpente de divers ponts, 562, 567, 573,— *Idem* du mètre cube 570.
—Détail des bois de divers ponts; nombre et désignation des pièces ; équarrissage, longueur, cubage, 569 , 575, 578 *tableaux*,581.—Quantité de bois employée aux ponts de Richmond, d'Asnières et des écluses de Peacock, 573, 574,577.—*Idem* au pont biais sur la route du Centre,584.

Chase (le major), II, 319.

Chaux. Prix du mètre cube (chemin de fer de Pottsville à Sunbury), II, 517.

Chaux hydraulique. Localités où on l'exploite,II, 55, 72, 108; dépense, II, 105; mouvement commercial, 460.

Chemins de fer. *Voir* Affermage, Alignements, Assurance, Ateliers, Chevaux (exploitation par), Clôtures, Combustible, Concurrence, Courbes, Dépense, Dividende, Embarcadère, Exploitation, Faîtes, Gare, Gelées, Impôt, Longueur, Matériel, Monopole des transports, Mesures de sûreté, Mouvement commercial, Pente, Plans inclinés, Police, Ponts, Produits, Stations, Superstructure, Tarifs, Terrains (acquisition de), Terrassements, Tracé, Traction (frais de), Transport (prix de),Traversée de routes,Tunnels, Utilité, Villes (traversée des),.Vitesse, Voie.—Leur établissement au nord de l'Amérique rencontrerait peu de difficultés , I, 55.—Pourquoi les Américains les préfèrent aux autres voies de communication , I, 101, 514, 504; II, 156. — Facilités qu'offre la configuration du sol pour leur établissement,I, 120; II, 272.—De la comparaison entre les chemins de fer et les canaux; difficulté d'établir un parallèle exact, 354.—Dans l'état actuel des choses, la somme des droits perçus, tant pour la traction que pour le péage, est généralement plus élevée sur les chemins de fer que sur

les canaux, 556. — Liaison d'un chemin de fer avec un canal; constructions etc., 595, 405. *Voir* Embarcadère. — Mouvement commercial comparé des canaux et des chemins de fer, pour les arrivages de Philadelphie, 484. — Danger d'entreprendre simultanément un trop grand développement de canaux et de chemins de fer, II, 265, 264. — Prétention de toutes les localités à avoir des canaux et des chemins de fer, (Illinois), 260. — Motifs généraux qui rendaient désirable l'établissement d'une ligne de chemins de fer, le long des métropoles du littoral de l'Atlantique, 571. — Influence qu'exercent de grandes lignes de chemins de fer, au profit de l'union et de la paix, 572.

—Drague à double chemin de fer, II, 78, 81.

—Double chèvre avec double chemin de fer, II, 79, 80, 85.

—Plan incliné sur canal avec double chemin de fer, 484, 485.

CHEMINS DE HALAGE *Voir* Amélioration de rivières.

—(le long de rivières); dépense etc, I, 476, 484; II, 218, 289.

—(Absence de), sur le Muskingum, 219; sur le Licking, 329.

—(Canaux américains); emplacement, dimensions etc., I, 158, 164, 184, 295, 418, 483; II, 294, 298, 340, 360.— Banquette ou berme au dessous de la ligne d'eau, II, 294.

—Comparaison avec les canaux anglais et français, I, 159.

—Dépenses d'établissement dans quelques parties difficiles du canal de la Chesapeake à l'Ohio ; projet non exécuté d'un bateau remorqueur, II, 46. — Absence de chemin de halage le long du canal Rideau; remorquage à la vapeur, 343.—*Idem* le long de la Delaware, 490. — Chemin pratiqué à l'extérieur d'un pont de bois, I, 392, 483, 488; II, 36.—Chemin pratiqué sur un pont aqueduc, I, 448, , II, 406; *idem* double chemin de halage, 517, 548.— Ponts de halage, I, 516; II, 404.—Chemin de fer établi sur le sol du chemin de halage d'un canal, II, 405. — Chemin de halage formé de plates-formes flottantes ,497.

—(Digue servant de), II, 198.

—Double chemin de halage sur le canal du Raritan à la Delaware, II, 554 ; — de la Delaware à la Chesapeake ; difficultés d'exécution, 560. — (Bon état des) en général aux Etats-Unis, comparativement à la France, II, 554.

CHEMUNG ou TIOGA, affluent de la branche nord-est de la Susquehannah, I, 522, 487 à 492.

—(Canal), I, 490, 509. — Date de son exécution, I, 450. Description, 476. Itinéraire, 486. Frais de construction et d'exploitation , mouvement commercial, etc. *Voir* New-York (Etat de). — Liaison avec la branche occidentale du Susquehannah, 495; avec le chemin de fer houiller de Blossburg à Corning, II, 448. — Longueur, dépense, 552.

CHENANGO (canal), II, 205. — Date de son exécution, I, 450. — Point de jonction avec le canal Erié, I, 464. Description générale, 478 à 480.—Itinéraire, 486.—Frais de construction et d'exploitation, mouvement commercial etc. *Voir* New-York (Etat de). — Prolongement jusqu'en Pensylvanie, 490.—Longueur, dépense, II, 555.

CHESAPEAKE.

—(Baie de la).— Dimensions, I, 22.—Affluents, 29.— Pivot d'un système de communications , I, 29, 30 ; II, 364. Communique : —avec l'Ohio, 1° par le chemin de fer de Baltimore à l'Ohio, 2° par le Potomac, le chemin de fer de Harper's Ferry à Winchester et par une double route se dirigeant de Winchester sur Parkersburg; 3° par la route de Baltimore à Wheeling; 4° par

le canal de la Chesapeake à l'Ohio; 5° par le canal de Columbia à Hollidaysburg, le chemin de fer du Portage, et le canal de Johnstown à Pittsburg; 6° par le chemin de Baltimore à la Susquehannah et par les canaux de Pensylvanie cités au 5°; — avec la Delaware, par le canal de la Delaware à la Chesapeake; — avec l'Albemarle Sound, par le canal du Dismal-Swamp.

—(Canal de la) à l'Ohio, de Washington à Pittsburg, I, 448, 330; II, 63, 90, 99, 120, 162 *note*, 205, 256 *note*, 447. —Tarif, I, 426, 427.—Commencement des travaux, II, 2.—Démêlés avec le chemin de fer de Baltimore à l'Ohio, transaction, 24, 58; obligations réciproques imposées aux deux compagnies par la loi de 1856, 25, 30.—Description générale, 45 à 61. — Embranchements, 65 à 85. — Tracé et profil Pl, VI, fig. 2 et 3. — Longueurs partielles, dépense, 556. *Voir* Delaware.

CHESTERFIELD (chemin de fer de), en Virginie, II, 454, 545.—Tarif, I, 565.—Dépense, exploitation etc. II, 448.

CHEVALLIÉ (M. J. A.), I, 95, 96, 97.

CHEVALLIER (M. V.), ingénieur français, I, 354, 355, 443.

CHEVAUX. — Chemins de fer exploités par des chevaux en Amérique, I, 477, 275, 544, 365, 403; II, 42, 390, 408, 441, 448, 474, 505. Longueur totale, 548. — Disposition de l'un de ces chemins, II, 516 et pl. XV, fig. 44. — Dépense de la voie par mètre courant, 517. — Détail des dépenses d'exploitation par les chevaux, I, 405.—Frais de traction par tonne et par kilomètre, II, 23, 524. — Economie obtenue par la substitution de la locomotive, I, 341, 404; II, 44. — Surcroît de vitesse, II, 44. — Service comparé des chevaux et des locomotives; supériorité des dernières, 525. — Nombre de chevaux attachés à l'exploitation du chemin de fer de Baltimore à l'Ohio, 44.

CHEVILLES des ponts en treillis, II, 565. — Prix, 570 ; nombre, 574; nature du bois, dimensions, 570, 574, 577, 579; outil pour leur fabrication,574 et pl. XVII, fig. 47 et 48.

CHÈVRE (double) employée au pont de Georgetown, description, II, 79, 85.

CHICAGO (ville) sur le lac Michigan, I, 45; II, 460, 245, 256, 267. — Embranchement à diriger de cette ville sur le canal du lac Erié au lac Michigan, II, 245.

CHICOTS (*snags*). *Voir* Arbres échoués.

CHINE.—(Rapides de la) sur le Saint-Laurent, II, 292, 295.

—(Canal de la) , 295, 540.

CHITTENANGO (canal).—Son point de jonction sur le canal Erié, I, 462. — Longueur, 478; II, 555.

CHÔMAGES de canaux.—Leur durée par suite des gelées, en France et en Amérique, I, 400; — dans l'Etat de New-York, 209, 252, 253; — *idem* de Pensylvanie, 423, 463, 480 ; II, 502. — Autres chômages des canaux français, 253. — Absence de chômages sur les canaux américains sans autre cause que les gelées, 480.

CHUTES. *Voir* Cataractes.

— Chûte rachetée par les écluses. *Voir* Pente.

—d'eau ; produit en Amérique, II, 84, 95, 100, 218, 241, 284, 366. — Force motrice fournie par les chûtes d'eau de divers canaux, 204, 218, 241, 242, 257, 258. — Précautions prises par l'Etat d'Ohio pour assurer la propriété et l'exploitation des chûtes d'eau des canaux; omission sous ce rapport dans les lois françaises de travaux publics, 248.

CINCINNATI sur l'Ohio, I, 90; II, 486, 241. — Progrès de la population, I, 43; II, 460 note. — Doit être l'une des extrémités du chemin de fer de Charleston à l'Ohio, II, 460, 469.—Le canal Miami, venant du lac Erié, y abou-

CINCINNATI (*suite*) :
tit, 221; mouvement commercial qui en résulte, 222 *tableau*. — Embranchement de Cincinnati sur le canal du White Water.
—(Chemin de fer de) à Springfield et à Sandusky, sur le lac Erié, II, 227. — Concours prêté par la ville à la compagnie, 227.
CIRCULATION. *Voir* Mouvement commercial.
CITY-POINT, au confluent du James-River et de l'Appomattox, II, 110, 117. *Voir* Petersburg.
CIVILISATION. Progrès rapides dans l'Ouest, II, 185 à 187.— Mouvement dans l'État du Michigan, 272.
CLARENCE (chemin de fer de), I, 356.
CLARKE (M.), ingénieur français, I, 348, 370, 371.
CLARKE's FERRY (pont de), II, 567.
CLASSEMENT des canaux et des chemins de fer de l'Union, I, 142.
CLEVELAND, sur le lac Erié à l'embouchure du canal Ohio, II, 197, 202. — Population, 213. — Mouvement commercial, 212 *tableau*, 287. — Tonnage du port, 213 *tableau*. — Avantages de ce port, 213.—Distance de Philadelphie et de New-York, 217. — Trajet aux Antilles par le Saint-Laurent, 297.
CLIMAT des États-Unis, I, 95 à 112.
CLINTON (de Witt), gouverneur de l'État de New-York, I, 45, 45, 148, 149, 160, 182, 281, 290, 481 ; II, 193, 195, 196.
CLINTON (de Witt), fils, I, 190, 192, 194, 195.
CLINTON, localité de l'Etat d'Ohio, II, 198.
—ville du Michigan, II, 271.
—rivière tributaire du lac Saint-Clair. *Voir* Kalamazoo.
—ville de l'Etat de Mississipi. *Voir* Vicksburg.
—(Louisiane). *Voir* Port-Hudson, Bâton-Rouge.
CLOTURES de chemins de fer. Chemins qui en sont pourvus ou non, I, 302; II, 394, 444.
CLOWES (M.), II, 542.
COCKBURN CREEK, affluent du Rideau; amélioration projetée, II, 344.
COD (cap), I, 18, 28.
—(Canal du), I, 352, 353.
CODORUS, affluent de la Susquehannah.
—(Canalisation du), I, 445; II, 533.
COINS pour rails, II, 516 et pl. XV, fig. 42, 43, 44 ; dépenses, 517 ; — pour l'assemblage des pièces d'un pont, II, 557 et pl. XVI, fig. 16 ; II, 571, 573 et pl. XVII, fig. 15 et 16, et pl. XIX, fig. 4 et 6, *l'l'*, *n'n'*, *p'*. — Dimensions, nombre, 574, 578.
COLLES (Christophe), I, 132.
COLONISATION, II, 275, 298. — Lot d'une ville projetée; dimensions habituelles, II, 259.
COLUMBIA (district de). *Voir* Oregon.
— (Rivière), I, 2.
COLUMBIA, capitale de la Caroline du Sud, I, 29 ; II, 138, 139, 140, 166, 167. *Voir* Raleigh.
—(Chemin de fer de) à Charleston par Branchville, II, 170, 411, 425, 432, 536, 543.
— (Chemin de fer de) à Lexington, II, 166, 536.
COLUMBIA, en Pensylvanie, I, 422. *Voir* Baltimore, York.
—(Chemin de fer de Philadelphie à), I, 287, 288, 327, 449, 456. — Détails de construction et d'exploitation, 332 à 380. — Prix de transport, 357. — Mouvement commercial, 481. — Frais d'établissement, 525. — Frais d'entretien, 526. — Longueur, dépense, II, 533. — Pont de Peter's Island, 560.—Autres ponts, 562, 567.—Jonc-

tion avec le chemin de Baltimore à l'Ohio, I, 350, 501, 502; avec le chemin de Trenton, II, 406; avec le chemin de Philadelphie à Baltimore, 408; avec le chemin de Philadelphie à Mount Carbon, 494.
— (Canal de) au Havre de Grâce, ou canal latéral à la Susquehannah, de Columbia à la mer, I, 535; II, 86, 534.— Description générale, I, 499 à 503.
— (Canal de) à Hollydaysburg, II, 533.—Description générale, I, 390 à 394.—Dépenses d'établissement, 525.—*Id.* d'entretien, 526.
- (Pont immense de), I, 337 ; II, 561.
COLUMBUS sur la Chattahoochee. *Voir* Decatur.
COMBUSTIBLE (locomotives),—Chauffage au bois; dépense, I, 304, 351, 415 *note*; II, 40, 149. — Quantité de combustible consommée par voyage, I, 351; II, 38, 149, 502. —Dépense par voyageur et par kilomètre, I, 370.—Prix du charbon, I, 408; *Id.* de l'anthracite, II, 502. — Appareil pour la combustion de l'anthracite, II, 13, 451 *note*, 501 et pl. V, fig. 2. — Dispositions particulières nécessitées dans la construction des locomotives par l'emploi de l'anthracite, II, 501.—Substitution de l'anthracite au bois et à la houille sur le chemin de Baltimore à l'Ohio, II, 13. —Dépense comparée du chauffage au bois et à l'anthracite, II, 14.
COMBUSTIBLE (machines fixes). Quantité de bois consommée par jour.—Dépense, II, 75.—Comparaison avec le chauffage par la houille, 451 *note*.
COMBUSTIBLE. *Voir* Mines. — Quantité de bois consommée par les machines à vapeur d'un bateau arracheur, II, 322.
COMITÉ. *Voir* Bureau.
COMMERCE. *Voir* Exportation, Importation, Mouvement commercial.
—(Tendance du) à la centralisation; diverses circonstances en limitent cependant les effets, II, 154, 155. — Utilité des grands centres commerciaux, 155. — Commerce entre les États du Nord et ceux du Midi, 372.
COMMISSAIRES DES CANAUX.—Travaux et attributions: (État de New-York), I, 148, 156, 160, 163, 165, 182, 183, 200, 207; II, 481, 482, 483; (Pensylvanie), I, 324 à 327, 338, 506, 525; II, 490, 525; (État d'Ohio), II, 193, 196, 203, à 203, 213, 215, 216, 219, 223, 254, 547 *note*; (État d'Indiana), 203, 234, 241.—Pouvoir discrétionnaire dont ils jouissent, comparé aux attributions restreintes du gouvernement, I, 211; II, 213. — Mauvais système adopté par la Pensylvanie à l'égard de ses commissaires, I, 328.
COMMISSAIRES DU FONDS DES CANAUX. État de New-York, I, 198, 199, 200, 201, 210, 224, 236, 240, 535. — Pensylvanie, 522. — Etat d'Ohio, II, 223; —d'Indiana, 239.
COMMISSAIRES DES TRAVAUX PUBLICS.—Pouvoirs qui leur ont été conférés par l'État d'Illinois, II, 261.—Travaux, 263, 264. — du Canada, II, 304.
COMMISSAIRES DU FONDS DES TRAVAUX PUBLICS.—Illinois, II, 262, 265.
COMMISSION DES TRAVAUX PUBLICS DE L'UNION. *Voir* Bureau.
COMPAGNIES DE TRAVAUX PUBLICS. — Abus de pouvoir des corps municipaux envers elles, I, 267; II, 431. — *Idem* des États, 363; II, 364, 399. — Compagnie de routes à barrières, I, 269.—Dans l'Etat de Massachusetts, chacun des actionnaires d'une compagnie est personnellement responsable de tous les engagements de la compagnie, 299 *note*.—Droit d'ouvrir une banque accordé à une compagnie de canal, 300. — Les compagnies ont beaucoup fait dans l'État de Pensylvanie, 331. — Droit de révocation des concessions réservé à la législature, 366. — Des con-

cessions perpétuelles, 569. — Intervention de l'Etat de Maryland dans la composition de la compagnie du chemin de fer de Baltimore à l'Ohio. II, 25 ;— du canal de la Chesapeake à l'Ohio, 59. — Liberté d'action laissée aux compagnies, 102. — Fonctions de président, 169. — Privilége de faire la banque accordé à la compagnie du chemin de fer de Charleston à l'Ohio, 169 ;—à quelles conditions, 170.—*Idem* à la compagnie du chemin de fer central de Géorgie, 174. — *Id.* à la compagnie du canal d'Orléans, 559.—*Id.* à la compagnie du canal de l'Hudson à la Delaware, 459 ; — du canal Morris, 479.— Obstacles qu'oppôsent à leur formation dans l'Ouest la dissémination des capitaux et les principes d'égalité absolue, 192. — Encouragements particuliers accordés par l'État d'Ohio à des compagnies de canaux, 246. — Crise financière (Etat de New-York), 532 *note*. — Prélevement excessif exigé de la compagnie du chemin de fer de Lowell à Nashua par celle de Boston à Lowell, à raison de l'emprunt de ce dernier chemin, II, 380.—Conventions entre des compagnies de chemins de fer, à raison de l'emprunt mutuel de leurs lignes, 382, 388, 473.—*Id.* à raison de l'affermage de l'exploitation, 416, 425. — Association de compagnies de chemins de fer, 407. — Compagnie propriétaire de mines et des voies de communication destinées à les desservir, 460, 463, 472 à 475. *Voir* Concurrence, Dividendes, Tarifs, Travaux publics.

Concessions. *Voir* Compagnies, Concurrence, Rachat, Travaux publics.

Concord (chemin de fer de) à Nashua, II, 380, 342.

Concurrence. *Voir* Monopole des transports, Transport (prix de). — Achat d'une route à barrières parallèle à un chemin de fer, I, 269 ; II, 404, 417. — Préjudice causé par le chemin de fer de Lancaster à Harrisburg à celui de Columbia, ainsi qu'au canal latéral à la Susquehannah, I, 443.

— Concurrence de chemins de fer entre eux, I, 275, 288 ; II, 170, 386, 402, 442.—Clause de non établissement d'un chemin de fer en concurrence d'un chemin concédé, I, 305 ; II, 400. — Fixation d'un minimum de taxe à percevoir, imposée à une compagnie de chemin de fer, dans l'intérêt d'un chemin de fer existant, I, 562, 573 *note*.— Monopole concédé à la compagnie du chemin d'Amboy à Camden, II, 400. Légalité douteuse de ce monopole, 401 *note*.—Indemnité payée par la compagnie du chemin de fer d'Amboy à Camden, à celle du chemin de fer de Philadelphie à Trenton afin de se réserver le transit des voyageurs et des marchandises faisant le trajet entier de New-York à Philadelphie, II, 401. — Abaissement du tarif du transport, de Baltimore au Roanoke, II, 423, 429, 430. — Refus de la compagnie du chemin de Portsmouth au Roanoke de prêter l'usage d'une partie de son chemin à la compagnie du chemin de fer de Petersburg au Roanoke, 450.

—Concurrence des chemins de fer et des lignes navigables, I, 464 ; II, 123, 147, 148, 415, 424, 425, 502, 503.—Transport des marchandises interdit aux chemins de fer parallèles au canal Erié, I, 271. — Les chemins de fer parallèles au canal Erié n'ont pas entièrement privé le canal du transport des voyageurs ; pourquoi, 271 . — Démêlés entre les compagnies du canal de la Chesapeake à l'Ohio, et du chemin de fer de Harper's Ferry à l'Ohio, transaction, II, 24, 25.—Arrivages à Philadelphie par les canaux et les chemins de fer venant du bassin de la Susquehannah ; avantages de la voie navigable, 431. — Riva-

lité entre Philadelphie et Baltimore pour le commerce de l'ouest ; transaction intervenue à l'égard du chemin de fer et du canal destinés à faire jouir chacune de ces deux métropoles des lignes établies, dans l'intérêt de l'autre, dans la direction de l'Ohio, 501, 502.

—Concurrence des villes, I, 175, 288, 500, 501 ; II, 89, 120, 147, 151, 154, 155, 171, 179, 180, 278, 288, 292.

Conduites d'eau, en fonte et en bois, traversant un pont dans un coffre rempli de charbon en poudre, II, 511.

Conemaugh (le), affluent de l'Alleghany, I, 324, 325, 326, 418.

—Canal latéral, portion de la grande ligne de Philadelphie à l'Ohio, description, I, 417. *Voir* Kiskiminetas.

Conestogo, affluent inférieur de la Susquehannah.

—(Canalisation du), I, 503 ; II, 534.

—(Pont sur le petit), II, 562.

—(Pont sur le grand), 567.

Congaree, l'une des branches du Santee, I, 24 ; II, 138.

—(Canal latéral au), II, 139, 541.

Congrès. *Voir* Gouvernement fédéral.

Conneaut (lac), I, 511, 513. *Voir* French-Creek.

—(Canal du lac) au lac Erié, partie de la grande ligne de Philadelphie aux grands lacs, I, 516 à 518, 524.

Connecticut (Etat), I, 5, 6, 8 à 11.

—Chemin de fer, II, 388.

Connecticut (fleuve), I, 23, 24, 30, 307, 308.

—(Projet d'un canal entre Boston et le), I, 293, 299.— Canalisation du Connecticut, 296 ; II, 545, 546. — Système général de canalisation de la Nouvelle-Angleterre autour de ce fleuve ; projet de jonction avec le Saint-Laurent et le lac Champlain, I, 297 ; avec le Merrimack et le Piscatagua, 297, 298 ; avec l'Hudson, 298. —Canal latéral au Connecticut ou canal Farmington, 313.

Connelsville. *Voir* Pittsburg.

Contre-fiches. — (Absence de), au pont de Portsmouth, flexibilité qui en résulte, II, 556. — Ponts de Burr, 559.

Cooper (rivière), I, 29. *Voir* Santee.

Corning. *Voir* Blossburg.

Coste (M. Léon), ingénieur français, II, 503, 504.

Coteau du Lac (canal de), II, 293.

Coton.—(Commerce du) ; villes qui s'y livrent ; concurrence, II, 120, 147, 179.—Prix de vente, II, 159.—Prix de transport, II, 147, 149, 443. — Du rôle immense que joue le coton dans le commerce d'exportation de l'Union, II, 152, 153.—Mouvement commercial, II, 148 *tableau*, 157, 158 *tableaux*, 179 *tableau*, 347 *note*, 424.—Progrès de la culture aux Etats-Unis, II, 152, 153, 156 *tableau*, 433.—Consommation en France, *tableau*, II, 153 *note* ; en Angleterre, *tableau*, II, 179 *note*. — Chemins de fer dans les pays cotonniers , II, 335, 347, 452, 453.

Couleur (personnes de).—Nombre aux Etats-Unis, I, 9, 12. —Ne sont pas mêlées avec les blancs dans les voitures publiques, 245 *note*.

Coupure. *Voir* Tranchée.

Courants, I, 42, 191, 192, 193 ; II, 258, 292, 299 *note*, 300, 318 ; — souterrains, I, 40, 50.

Courbes de chemins de fer, I, 269 *tableau*, 399 *tableau* ; II, 3 *tableau*, 248 *tableau*, 509 *tableau*. — Adoucissement, II, 11. — Longueur des courbes par rapport à celle du chemin de fer, I, 269, 334, 398 ; II, 3, 37, 144, 175, 375, 429, 433. — Minimum des rayons : —au-dessous de 100 mètres, II, 3, 474, 516 ; — entre 100 et 200 mètres, I, 286, 334, 399 ; II, 3, 578, 389, 393, 405, 522, 535 *note* ;—entre 200 et 300 mètres, I, 269, 286 ; II, 37, 88, 145, 579, 496 ; — entre 300 et 400 mètres, I, 267, 301, 306, 505 ; II, 30, 33, 88, 122, 165, 177,

178, 248, 552, 575, 408, 420, 459, 531 *note*; — entre
400 et 500 mètres, I, 268, 269; II, 389; — entre 500 et
1000 mètres, I, 174, 507, 308, 513; II, 174, 273, 405,
408, 412, 420; — au-dessus de 1000 mètres, I, 177, 274;
II, 384, 407, 429, 455. — Inconvénients des courbes
à petit rayon; systèmes de M. Laignel et de M. Arnoux pour y remédier, I, 383. — Moyens employés pour
remédier aux inconvénients des courbes à petit rayon :
exhaussement du rail extérieur; forme conique des jantes;
jeu donné aux roues; fil de fer introduit dans l'intérieur
de la jante en fonte; locomotive à chaudière verticale,
II, 5, 42. — Exhaussement du rail extérieur, 510 ; roues
folles; rapprochement des essieux, 522. — Machine appelée pilote pour prévenir les accidents pouvant résulter
des courbes à petit rayon, 593,. — Déraillements fréquents sur ces courbes , 522. — Les actes de concession
ne stipulent ordinairement aucune condition de cour-
bure, 102. — Jonction des deux lignes de rails dans les
courbes, 593.
COUSSINETS. Poids, I, 503; II, 405, 499. — Nombre par
kilomètre, II, 499. — Jonction avec le rail, II, 403;
clavettes de fer, I, 503; II, 385, 389, 593; boulons,
II, 498. — Jonction avec la traverse, I, 503; II, 499. —
Suppression, II, 576. — Coussinet à une seule joue employé sur le chemin de Mount Carbon à Philadelphie ;
description détaillée, II, 498, 499 et pl. XIX, fig. 12 à 15.
COVENTRY (canal de), ligne de Londres à Liverpool, I, 437.
COVINGTON (Virginie), II, 96, 98, 112. — Extrémité du
canal latéral au James-River et au Jackson's River, II,
112 ,556.
—(Route de) au Loop Hole, II, 98 .
—(Pont de), II, 131.
—(Route de Lexington à), II, 130.
—(Chemin de fer de) à Charlestown, 134.
COVINGTON (Géorgie), sur le chemin de fer d'Augusta à De-
catur. *Voir* Augusta.
—(Chemin de fer de) vers la Nouvelle-Orléans, par West-
Point et Montgomery, projet, II, 177, 452.
COXE (M.), I, 98, 106.
CRAM (le capitaine), II, 267.
CRANE (M.), II, 448.
CRÉDIT. *Voir* Emprunt, Papier Monnaie. — Secours que
les Américains en ont tiré pour l'exécution de leur réseau
de communications I, 440; II, 190, 251. — Les Etats
prêtent leur crédit aux compagnies, I, 289, 312; II, 56,
39, 60, 87, 358, 579, 581, 588, 427 *note*, 430. — Si-
gnification de cette expression, II, 228, 573, 480 *note*.
—Montant des engagements ainsi contractés par l'Etat de
New-York, 552 *note*.
CRISES FINANCIÈRES AUX ETATS-UNIS. Influence sur les
travaux publics, I, 163, 273, 289, 420, 443, 446, 486, 506,
507, 510 ; II, 26, 36, 60, 64, 88, 103, 170, 178,
181, 215, 227, 235, 252, 259, 276, 285, 290, 520,
525, 540, 548, 558, 454, 503, 552 *note*, 533 *note*,
555 *note*, 537 *note*. — Situation difficile de l'Etat d'Illinois à la fin de 1840, 264.
CROMFORD (chemin de fer de) à High Peak, en Angleterre,
I, 598.
CROOKED (canal du lac), fait communiquer le lac Seneca et
le lac Crooked.
— Date de son exécution, I, 150. — Description, 178. —
Itinéraire, 186. — Frais de construction et d'exploitation
mouvement commercial, etc. *Voir* New-York (État de).—
Longueur, dépense, II, 533.

CROOKED CREEK, affluent du Shenango, I, 514, 515.
CROSS CUT CANAL ou canal de jonction entre le canal Central
d'Indiana et le canal de la Wabash au lac Erié prolongé,
II, 258, 239, 245, 539.
CROZET (M.), II, 98, 121, 122, 124, 125, 413.
CRUES : Le Saint-Laurent en est exempt, I, 46 ; II, 297.—
Crues considérables de l'Ohio, I, 47, 77 ; II, 272, 506.—
Crues du Mississipi et de ses affluents ; ordre dans lequel
ils subissent leurs crues, 74.—Hauteur des crues du Mississipi, du Rhône, du Rhin, de la Loire, de l'Allier, de
la Seine, de la Garonne et du Nil, 77.—Crues de diverses autres rivières de l'Amérique, I, 192, 420, 483,
465, 512; II, 45, 66, 106, 163, 297.—Effet des crues, II,
272, 338. — Dégâts occasionnés au canal du Lehigh par
une crue, 467. — Tableau des décroissances de la hauteur
de la cataracte de Louisville sur l'Ohio, à mesure que le
niveau du fleuve s'élève, 507.—Fortes crues des affluents
de gauche de l'Ohio, 331.
CRUGER (M.), II, 54, 167.
CULTURE. Zone impropre à la culture en Amérique, I, 26,
28, 29, 31.—Terrains cultivables au nord, 34, 50, 55.—
Id. dans la vallée du Mississipi, 65. — Fertilité de la vallée de l'Ohio, 70.—Stérilité de celle du Missouri au delà
des montagnes, 72.—Culture sur les bords du Mississipi,
76, 87.— Surface cultivable de l'ouest, 83.— De la culture, par rapport au climat, dans le bassin du Mississipi,
104, 107. — Quantité de produits agricoles transportés
sur les canaux de l'État de New-York, 233. *Voir* Blés,
Farines, Mouvement commercial.
CUMBERLAND, sur le Potomac, I, 88; II, 3, 24, 26 à 34, 45,
49, 51, 59, 61, 63, 90.
— (Chemin de fer de) à Wheeling, 5ᵉ partie de la ligne de
Baltimore à l'Ohio, II, 553. *Voir* Harper's Ferry.
CUMBERLAND, affluent de l'Ohio, I, 92. —Amélioration, II,
524, 325, 333.
CUMBERLAND (vallée de), territoire fertile en Pensylvanie ;
(chemin de fer projeté dans la), I, 444.
CUMBERLAND (montagne) ou Gauley, I, 20 ; II, 160, 165.
CUMMINGS (M. Samuel), I, 88.
CURAGES sur le canal de Louisville à Portland, nécessités par
les crues de l'Ohio, II, 308.
CYLINDRE COMPRESSEUR : Emploi sur les chemins de fer, II,
594.

D

DALKEITH (chemin de fer d'Édimbourg à), I, 378.
DALMATIE (le marquis de), I, 78.
DANUBE. *Voir* Moldau. — Jonctions projetées avec le Rhin,
I, 117. —Pente, 124. — Analogie de la vallée du Danube
avec la vallée centrale de l'Amérique du Nord, 117, 216.
—Observations sur ce fleuve et sur les travaux qu'il con-
viendrait d'y opérer, II, 296.—Canal du Rhin au Danube,
longueur, I, 118.
DARBY (M.), I, 3, 4, 19, 22, 25, 56, 57, 38, 59, 40, 42, 45,
44, 48, 49, 50, 58, 59, 60, 64, 65, 72, 74, 80, 81, 82,
97, 98, 99, 104, 105, 106, 109, 123 ; II, 556, 357.
DARLINGTON (chemin de fer de) à Stockton, I, 547, 548,
554, 585.
DAVIS (Phineas), II, 7, 14.
DAY (M.), I, 107.
DAYTON. *Voir* Sandusky.
DÉBIT du canal d'alimentation de New-York, II, 550 *note*.
DÉBOISEMENT.
—(Influence probable du) sur le régime de l'Ohio, II, 548.

— des rives du Mississipi; dépenses; avantages qui en sont résultés, 525.

DÉBORDEMENTS. *Voir* Crues.

DECATUR (Alabama).—(Chemin de fer de) à Tuscumbia, II, 534, 540. — Liaison projetée avec le chemin de fer de Memphis à la Grange, 535.

DECATUR (Géorgie), II, 171, 178.

— (Chemin de fer de) à Savannah, par Forsyth et Macon, II, 174 à 176.

—(Chemin de fer de) à Augusta, avec embranchements sur Warrentown et Athènes, II, 176, 432. — Prolongement de ces deux chemins jusqu'à Ross's Landing sur le Tennessee (chemin de fer de l'Atlantique à l'Ouest), et de là jusqu'à Knoxville (chemin de fer du Hiwassee), II, 177, 178.—Prolongement du chemin de fer de Decatur à Augusta, vers la Nouvelle-Orléans, par Covington, West-Point et Montgomery; projet, 177, 432. — Embranchement projeté sur Savannah, 180.

— (Chemin de fer projeté de) à Columbus, sur la Chattahoochee, II, 180.

DECATUR (Illinois), sur la ligne du chemin de fer Central. *Voir* Quincy.

DEDHAM (chemin de fer de) à Boston, II, 387, 542.

DEEP RUN (chemin de fer du), II, 416, 448, 542, 543.

DELAFIELD (le major), I, 75, 78, 79; II, 325, 558.

DELAWARE (rivière), I, 22, 24, 30; II, 353. Supériorité du bassin de la Susquehannah sur celui de la Delaware, I, 500. Jonction avec la Susquehannah; tracés divers, I, 321, 525, 498; II, 465.

— (Canal de la) à la Chesapeake, I, 427, 428; II, 541. Détails d'exécution et d'exploitation, II, 358 à 363.

—(Canal de l'Hudson à la), I, 466; II, 452, 543. Description; exploitation, II, 453 à 462. Dette, 532 *note*.

— (Canal latéral à la), I, 326, 327, 535; II, 451, 452, 467, 544. — Frais d'établissement, I, 525. — *Id.* d'entretien, 526. — Pertes d'eau, II, 205. — Communication avec le canal du Lehigh et le canal Morris, 468, 471.— Description générale, 490.

— *Voir* Raritan, Schuylkill.

DELAWARE (État de), I, 5, 6, 8 à 11; II, 359, 360, 361. — Canaux et chemins de fer établis sur son territoire, I, 541 *note*, II, 90 *note*, 91 *note*, 558.

DENRÉES alimentaires et coloniales; abaissement de prix résultant du chemin de fer projeté de Charleston à l'Ohio, II, 159.

DÉPÊCHES. — Transport par chemin de fer, II, 39; tarif et produits sur le chemin de Petersburg, 424; produits sur d'autres chemins de fer, 373, 409, 414.

DÉPENSES.— Observations sur l'idée de construire d'abord les chemins de fer économiquement, I, 387. — Conséquences fâcheuses de certaines économies faites dans la dépense d'établissement d'un canal, II, 281.—Ponts construits économiquement, 561.—Dépenses auxquelles M. Gallatin évaluait l'exécution du réseau de communication proposé par lui, I, 148. —Mécomptes résultant de l'insuffisance des estimations primitives : travaux de l'État de Pensylvanie, I, 327, 338; — canal de l'Union, 476; — chemin de fer de Baltimore à l'Ohio, II, 2, 10, 29; — de Winchester à Harper's Ferry, 38; — canal de la Chesapeake à l'Ohio, 56, 59; — canal Ohio, 195, 208; — canal Michigan, 259; — canal du Long-Sault, 304. — Dans l'État d'Illinois, les dépenses paraissent devoir rester au dessous des estimations des devis, II, 258.— Dépenses faites de 1816 à 1826 par la Caroline du Sud, pour travaux publics, II, 140.

DÉPENSES POUR L'AMÉLIORATION DES FLEUVES ET RIVIÈRES:— par kilomètre, II, 330, 331, 546 *tableau*. — Sommes dépensées avant 1815, I, 155; II, 95, 159.— Sommes dépensées pour l'amélioration du Shenandoah, II, 64; — du James-River, 95; — de l'Appomattox, 117; — du Rivanna, 118; — du Roanoke, 125, 126; — du Muskingum, 219; — de la Wabash, 236; — du Grand-River (Canada), 288; — du Mississipi et de ses affluents, 325 *tableau*; — du Licking, du Green-River et du Kentucky, 330, 331;—de la Rivière Rouge, 338;— du Tay 344.—Sommes votées par l'Illinois pour l'amélioration de ses cours d'eau, 262;—*id.* par le Michigan, 275; par le Canada, 276. — Dépenses présumées pour draguer la passe du Mississipi, 320.

— Frais d'entretien et d'administration de rivières canalisées, II, 95.

DÉPENSES D'ÉTABLISSEMENT DE CANAUX. *Voir* Fonds des canaux.

— en bloc, I, 300; II, 98, 103, 159, 215, 226, 227, 241, 267, 275, 280, 283, 290, 293, 295, 309, 467.

— par kilomètre : au-dessous de 30,000 fr., I, 204; — de 30 à 50,000 fr., I, 204, 513; II, 208, 235, 274; — de 50 à 70,000 fr. I, 204, 525; II, 459;— de 70 à 100,000 fr., I, 204, 295, 516, 525; II, 480; — de 100 à 130,000 fr., I, 434, 490, 494, 518; II, 344;— de 130 à 160,000 fr., I, 420; II, 555; — de 160 à 200,000 fr., I, 504; — au dessus de 200,000 fr., II, 56, 258; — au dessus de 500,000, II, 539, 561;— Récapitulation générale, 531 à 545 *tableaux*.— Résumé, 548. — Somme totale dépensée pour tous les canaux des Etats-Unis, 549.—Somme restant à dépenser pour *idem*, 549. — Détail de la dépense par nature de travail, I, 452, 454; II, 56, 103, 258.

—Comparaison avec les chemins de fer, I, 555 *note*, 525; II, 548.

—Comparaison avec les canaux anglais et français, I, 205, 555.

—Canal de la Chesapeake à l'Ohio; dépense par kilomètre dans les parties difficiles, II, 46, 59. — (Etat de New-York), année par année, I, 204; totale et par kilomètre, *ibid.*—Canal Welland, II, 283. — Frais de reconstruction de ce canal, *ibid.*— Canal de Louisville à Portland, 309.— Canal de l'Hudson à la Delaware, 459.—Canal du Lehigh, 467.—Canal d'alimentation d'eau de New-York, 550.

DÉPENSES D'ÉTABLISSEMENT DE CHEMINS DE FER.

— en bloc, I, 267; II, 388, 425, 467.

—par kilomètre : au-dessous de 20,000 fr., I, 178, 276; II, 474, 506, 524; — de 20,000 fr. à 40,000 fr., I, 174; II, 145, 176, 263, 273, 416, 522; — de 40,000 fr. à 60,000 fr., I, 277, 286; II, 122, 167, 177, 412, 421, 448, 505; — de 60,000 fr. à 80,000 fr., I, 269, 312; II, 58, 176, 387, 424, 435, 459, 475, 522; — de 80,000 à 100,000 fr., I, 177; II, 575, 579, 597; — de 100 à 120,000 fr., II, 249, 417, 473; — de 120 à 140,000 fr., I, 503; II, 385; — de 140 à 160,000 fr., II, 7, 10, 381, 389, 409; — de 160 à 180,000 fr., I, 342, 405; — de 180 à 200,000 fr., II, 34, 404, 500; —au dessus de 200,000 fr., II, 377; — au dessus de 400,000 fr., II, 440. — Récapitulation générale, 531 à 545 *tableaux*. Résumé, 548. Somme totale dépensée pour l'exécution des chemins de fer terminés, 549. Somme restant à dépenser pour les chemins à effectuer ou à terminer, 549.

— Détail des dépenses par nature de travail, I, 270; II, 10, 55, 58, 146, 597; — par nature de travail et par kilomètre, I, 270, 303, 405; II, 146, 415, 417, 427, 500.

Dépenses d'entretien des canaux.— (Etat de New-York), année par année, I, 206; dépense moyenne par année et par kilomètre, 207, 208; comparaison avec les canaux de Pensylvanie et d'Ohio et avec les canaux français, 208, 209, 528.

— Dépense annuelle d'entretien et d'exploitation, par kilomètre, sur divers canaux, 212, 454, 480, 526 *tableau*, 527; II, 209 *tableau*, 284, 461 *tableau*.

— Canal Schuylkill, de 1828 à 1858, dépense annuelle, I, 460. — Canal de la Chesapeake à l'Ohio; frais présumés d'entretien et d'exploitation, II, 57. — Canaux de Virginie, 100;— de la Caroline du Sud, entretien et exploitation, 139. — Canal Miami, 225. — Canal Welland; dépenses considérables, 280, 284. — Canal du Raritan à la Delaware; dépense d'entretien et d'exploitation, 355.

Dépenses d'entretien des chemins de fer.— Les travaux de réparation moins coûteux en régie que par entreprise, I, 544.— Dépense annuelle d'entretien : en bloc, II, 35 *tableau*, 373, 378, 379, 384, 386, 414, 419, 422 *tableau*; — par kilomètre, I, 343, 406, 526 *tableau*; II, 378, 415, 423, 427, 428, 462 *note*; — *idem* sur différents chemins d'Amérique et d'Europe, I, 546. — Dépense par tonne et par kilom., II, 462 *note*. — Voie du chemin de fer de Baltimore à Harper's Ferry, II, 8 *tableau*, 21 *tableau*. — Rapport habituel entre les frais d'entretien et d'exploitation et les produits, II, 122.

Dépenses d'exploitation des canaux;— par kilomètre, II, 208, 222. — (Etat de New-York); salaires d'éclusiers, I, 209; gestion financière, 210; frais généraux, *ibid*. — Canal du Schuylkill, 454.—Canal de l'Union, 480. — Etat de Virginie, II, 100. —Canal Ohio, 208.— Canal Miami, 225.— Canal Welland, 284.— Surcroît de dépense pour les canaux présentant des plans inclinés, 481.

Dépenses d'exploitation des chemins de fer, II, 35 *tableau*, 373, 379, 384, 386, 398 *tableau*, 422 *tableau* 428, 448, — Détails I, 272 ; II, 94 *tableau*, 44, 414 *tableau*, 419 *tableau*, 525 *tableau*.

— par kilomètre, I, 272; II, 21 *tableau*, 22 *tableau*.

— par kilomètre et par voyageur, I, 272; — et par tonne, II, 462. — Exploitation affermée par une compagnie concessionnaire à une compagnie d'un chemin de fer limitrophe; convention à ce sujet, II, 416, 425.

Dérivations:—de l'Hudson, avec une grande écluse, I, 172; — du Merrimack, avec écluses, 294; — du Connecticut, avec écluses et barrages, 296;— du Codorus, avec barrages éclusés, 445; du Schuylkill, 450, 453 *tableau* ; —du Conestogo, avec barrages éclusés, 503; — du French-Creek et du Beaver, avec barrages munis d'écluses, 512, 513; — du Cacapon, projet, II, 55; — du James-River, II, 95, 98; — du Rivanna, 118; — du Catawba, 159; — du Will's Creek, 218; — de l'Illinois, 253; — du Rock-River, avec barrages éclusés, 267;— du Grand-River, 288; — du Saint-Laurent, avec écluses, 275, 295 *tableau* ; — de l'Ottawa, avec écluses, 323; — du Green-River, avec écluses, 351 ; — du Lehigh, avec barrages éclusés, 424, 466.

Dés de pierre, I, 267, 275, 515, 550, 552 ; II, 8, 550, 553. — Supports en bois pour les rails, II, 354.— Dimensions, II, 375, 394, 405.— Espacement, 394. — Dépense, 397. — Abandon de ce système, II, 376. —Suppression des dés dans un terrain non suffisamment affermi, II, 405.

Désert (chemin de fer traversant un), II, 420.

Dessèchement. Le canal Erié, sur certains points, sert d'artère de dessèchement en même temps que de ligne de navigation, I, 156.—Canaux de dessèchement sur les bords du Mississipi, II, 359.

Détente (machines à), II, 45.

Détroit, capitale du Michigan : population, I, 44.— Crue du lac Erié, 41.

— (Chemin de fer de) au lac Michigan ou chemin de fer Central, II, 273, 275.

Détroit (rivière), II, 273. — Profondeur, I, 58. — Itinéraire, 59.

Dette. *Voir* Fonds, Emprunts.

— de l'Etat de Virginie, en 1859, II, 132.

Devis détaillé de quelques-uns des principaux appareils du chemin de fer de Pottsville à Sunbury, II, 518, 519, 520.

Digues. *Voir* Réservoirs — submersibles ; discussion sur leur utilité, I, 191. — Effet avantageux sur l'Hudson d'une digue construite près d'Albany, 192. — Digues en sable, cailloux et gravier; prix de revient; elles sont préférables aux digues en charpente, 195. — Brèches ouvertes par les crues; bassins remplis derrière les digues, *ibid*. — Digue en charpente remplie de blocs de pierre et de cailloux, description, 472, 483. — Digue en terre mêlée de débris de rocher, *ibid*. — Digue en maçonnerie rustique, 555. — Digue sur un fond mouvant, I, 515, 516.— Sur l'Ohio, on préfère les épis transversaux aux digues longitudinales, II, 518.

Dimanche : quelques chemins de fer américains chôment le dimanche, I, 504; II, 378.

Dismal-Swamp (canal du), II, 129, 134, 541. —Description générale; exploitation, 364 à 366.

Distribution d'eau. *Voir* Alimentation.

District fédéral, II, 43, 44.—(Canal et chemins de fer établis sur le territoire du), II, 90 *note*, 91 *note*.

Dividendes.— (Limitation des) des compagnies de chemins de fer, I, 359, 362, 363, 365, 451.—*Idem* des compagnies de canaux, I, 427, 429; II, 217, 309. — (Montant des) de divers chemins de fer, II, 23, 55, 149, 374, 377, 379, 387, 399, 409, 415, 416, 418, 422 *tableau*, 449, 462, 522; — de divers canaux ou rivières canalisées, II, 64, 93, 97, 118, 125, 133.

Dock-Creek, I, 129, 319.

Domaine :

— de l'Etat (aux Etats-Unis) *Voir* Propriétés publiques. — Vente des terres qui en font partie, I, 83 *note*. — Propriétés de l'Etat de Pensylvanie, évaluation, 524.

— fédéral : ce qu'il comprend, I, 566 *note*, II, 44, 223, 264, 309.

Douanes :

— américaines, (affectation du produit des) au trésor fédéral; évaluation de ce produit, II, 252.

— canadiennes ; quel serait l'effet de leur suppression, 288.

Douglass (M.), I. 516, 518.

— (Le major D. B.), II, 389, 481.

Dover. *Voir* Boston, Nouvelle-Orléans.— (Chemin de fer de Portland à); projet, II, 372.

Downingstown, I, 355, 358, 422. *Voir* Norristown.

Drainage. *Voir* Curage; — sur l'Hudson, I, 190, 192. Dépenses présumées, 194 ; réelles par mètre cube, 195; quantité de sable et de gravier enlevée, 196 ; —sur l'Appomattox, II, 117, 118; — sur le Roanoke, 125; — sur la Wabash, 236; — sur le Rock-River, 267; — sur le Grand-River, 289; — sur le Mississipi; quantité de matières à enlever; bateaux dragueurs; effet utile espéré; dépense, 320 ; — sur le Lehigh, 466.

DRAGUE à vapeur : double système employé au pont de Georgetown sur le Potomac, II, 78, 81, 82.

DRAKE (le docteur), I, 96, 106; II, 161.

DRAYTON (M.), I, 96, 97; II, 289.

DROITS de navigation sur les rivières de la France, I, 434.

—Voir Tarifs, Produits.

DUBLIN (chemin de fer de) à Kingstown, I, 370, 371.

DUNDAR (M. W.), I, 105.

DUNCAN (canal), I, 452, 453, 457, 458.

DUNCAN'S ISLAND, localité située au confluent de la Juniata et de la Susquehannah, I, 390, 422.

— (Canal de) à Northumberland, I, 482; — au chemin de fer de Lyken, 494.

DUNDEE. Voir Arbroath.—(Chemin de fer de) à Newtyle, I, 378.

DUPIN (M. le baron Charles), I, 159.

DUTENS (M), ingénieur français, I, 159.

E

EASTERN SHORE, I, 22. — (Chemin de fer de l'), entreprise abandonnée en 1840, II, 42, 61.

EASTON, ville située à l'embouchure du Lehigh dans la Delaware; le canal Morris, le canal du Lehigh et le canal latéral à la Delaware y aboutissent, I, 326, 327; II, 464, 468, 476, 481, 490. — (Pont d'), 558.

EASTWICK et HARRISSON, de Philadelphie.—(Machines d'),II, 501, 502.

EAU. Voir Alimentation ; Chute ; Crue ; Courant ; Vitesse ; Volume.

EAUX PLUVIALES : quantité sur divers points des États-Unis et d'autres contrées, I, 110 à 112. — Quantité aménagée pour l'alimentation du canal Chenango, 180 ; — du canal de la Chesapeake à l'Ohio (bief de partage), II, 48 ;— du canal Ohio, 205.

— Voir Pertes d'eau.

ÉCLUSÉE. — (Durée d'une), I, 165; II, 354, 357, 465, 466, 485. Grand nombre d'éclusées données sur le canal Erié, I, 249.

ÉCLUSES. Voir Fondations, Maçonnerie, Pertes d'eau, Portes.

—Nombre sur le canal Erié, I, 153, 154, 164; sur les autres canaux de l'État de New-York, 171, 173, 175 à 181 ; sur les canaux de la Nouvelle-Angleterre, 294, 296, 300, 315; de l'État de Pensylvanie, 391, 394, 417, 451, 456, 473, 482, 486, 491, 518, 519; II, 464, 465, 490; sur les canaux des États du Midi, 97, 109, 117, 158, 365; des États de l'Ouest, 196, 215, 219, 221, 239, 240, 241, 243, 244, 257; des États du Nord, 354, 357, 455; du Canada, 279, 282 note, 293, 295, 300, 343, 545 tableau; de Kentucky, 308, 329, 330; sur le canal de la Chesapeake à l'Ohio, 47, 52.—Nombre et distribution sur le canal Morris, 478 tableau, 479 tableau.

— Rapport du nombre des écluses à la longueur des canaux, I, 421, 451, 486, 491, 493, 509, 519; II, 197, 233, 240, 257, 279.

—Chute, I, 164, 474, 485, 189, 516, 518; II, 51, 104, 214, 257, 258, 343, 344, 354, 359, 464, 465, 478 tableau. — Grande chute au canal du Lehigh, II, 465.

— Dépense d'établissement, I, 164, 165; II, 267, 280, 290. Prix comparé des écluses en pierre et en bois, II, 109. Dépense d'établissement par mètre de chute, I, 160, 466. Dépense que nécessiterait l'agrandissement des écluses du canal Welland, II, 285.

— Dimensions sur divers canaux américains, I, 158, 164, 172, 173, 184, 294, 513, 391, 454, 474, 482, 497, 501, 503, 512, 513, 516; II, 51, 97, 105, 117, 200, 234, 267, 293, 294, 308, 328 à 330, 333, 343, 354, 365, 456, 464, 465, 490. Dimensions sur divers canaux anglais et français, I, 159, 164. Discussion sur les dimensions à donner aux écluses, I, 154, 173. Grandes écluses pour les bateaux à vapeur et à voiles, 484, 503, 512, 513, II, 110, 202, 219, 233, 256, 275, 279, 281, 289, 290, 294, 308, 329, 330, 333, 343, 359, 359, 490. Agrandissement des dimensions de diverses écluses, II, 293, 308, 354 note. Largeur insuffisante de quelques-unes des écluses du canal Grenville, II, 328. — Id. des écluses du canal latéral à la Delaware ; erreur qui a occasionné cette insuffisance, 491. — Id. d'une écluse située sur le Muskingum, 546 note (8). Description détaillée d'une écluse à grandes dimensions, avec radier en bois, II, 300 à 304.

—(Système nouveau d') avec plan incliné, en remplacement du mur de chute, 333 note.

— Écluses hydrostatiques, 364.

—Écluses accolées, I, 154, 158, 165, 451, 452; II, 200; Id. Frais de construction, I, 165; II, 290. Écluses coupées dans leur longueur en deux compartiments, I, 434, 501. Nécessité de doubler les écluses du canal latéral à la Delaware, II, 490.

—Écluses à peser, I, 453, 455, 473. — Description détaillée, 467 et pl. IV, fig. 6 à 15. Frais annuels de ce service, nombre d'employés, 210, 211. Nombre annuel de bateaux passés sur le canal Érié, 249.

— Écluses de garde, I, 451, 473, 516, 518; II, 52, 104, 359, 464.

— Nombre de bateaux passés annuellement à diverses écluses, I, 248. Droits perçus par écluse sur le canal du Raritan à la Delaware, II, 357.

— Écluses en pierres de taille, I, 361, [illegible], [illegible], 516; II, 234, 267, 295. Id. avec radier en bois, I, 418; II, 31, [illegible], 295. De la qualité de la pierre, II, [illegible].— Écluses en granit, II, 117, 379; — en maçonnerie, II, [illegible]; cube de la maçonnerie, 465. — Écluses en maçonnerie avec mortier hydraulique, I, [illegible]; II, [illegible].

— Écluses en bois, I, 175, 176, 177, 178, [illegible], 375, 487; II, 111, [illegible], 235. — Vices de construction, II, 230.—Préférées provisoirement à des écluses en pierre sur le canal de Virginie, II, 108. —Substitution d'écluses en pierres aux écluses en bois du canal du Dismal Swamp, 363.

— Écluses mixtes en bois et en pierre sèche (composite locks), I, 179, 184, 391, 489, 516, 518; II, 102, 234; 490.—Description détaillée d'une de ces écluses, I, 464 à 467 et pl. IV, fig. 1 à 5.

ÉCLUSIERS (salaires d'), II, 56.—Dépense pour le salaire des éclusiers, par mètre de chûte rachetée (canal Erié), I, 281. — Leur exactitude à faire leur service, 246.

ÉCUEILS. Voir Arbres échoués.

EDDY (Thomas), I, 178.

EDIMBOURG. Voir Glascow, Dalkeith.

ELISABETHTOWN. Voir Somerville.

ELKRIDGE. Voir Annapolis.

ELLET (M.), II, 108 à 110, 114.

ELLICOTT (Joseph), I, 150.

ELMIRA, localité de l'État de New-York, I, 186, 492. — Voir Williamsport.

EMBARCADÈRE, II, 467. Voir Jetée.

— Bel embarcadère de Richmond (chemin de fer de Mount Carbon à Philadelphie), liaison avec la Delaware ; description, II, 499, 500; dépense d'établissement, 500.

EMBRANCHEMENTS. Influence, au point de vue fiscal, des canaux d'embranchements sur les grandes lignes de navigation, I, 258.

EMPRUNTS pour l'exécution de travaux publics aux Etats-Unis, I, 149, 177, 329, 452, 455; II, 25, 31, 35, 39, 44, 58, 59, 87, 88, 97, 107, 144, 146, 169, 239, 249, 262, 273, 283, 309, 332, 348, 360, 363, 413, 418, 421, 424, 427, 459, 468, 480. — Sont toujours remboursables après un délai déterminé d'avance, I, 198 note. — Taux auquel sont négociés ceux de l'Etat de New-York, 198 note. — Garantie donnée aux créanciers de cet Etat par la Constitution de 1821, 198. — Emprunts réalisés, 199, 200. — Remboursement, 200, 201. — Dette des canaux au 30 septembre 1838, 202.—Prêts de l'Etat de New-York aux compagnies; formes; conditions; garantie, 289; montant en 1842; II, 332 note. — Garantie d'intérêts par l'Etat de Massachusetts, I, 312. — Les travaux de Pensylvanie ont été exécutés plutôt par la voie de l'emprunt que par celle de l'impôt, 322. — Progression de la dette de cet Etat, depuis 1828, 323; II, 333 note. — Primes; leur affectation, I, 322. — Prêt de l'Etat de Maryland à la compagnie du canal de la Chesapeake à l'Ohio; conditions onéreuses, II, 58, 60. — Prêt de la banque des Etats-Unis à la même compagnie, 58. — Prêts de l'Etat de Virginie à diverses entreprises de travaux publics, 129, et 131 tableaux.—Les Etats de l'Ouest se sont procuré, par l'emprunt, les ressources nécessaires à leurs grandes entreprises; comment l'emprunt, avec cette destination, leur était plus facile qu'aux Etats européens, 190. — Système d'impôts établi par l'Etat d'Ohio pour donner confiance aux capitalistes; taux auquel les premiers emprunts de cet Etat se sont négociés, 195, 196; montant de ces emprunts, 229.—L'Etat d'Indiana a subvenu, par l'emprunt, à ses dépenses pour les travaux publics; dette de cet Etat à la fin de 1839; ce que doit devenir cette dette, 251; comment l'Etat pourra supporter cette charge, 252.—Enorme dette de l'Etat d'Illinois, 264, 539 note.— Prêt du Canada à la compagnie du canal Welland, converti en souscription, 283.—Dette du Canada, 303.—Obligations convertibles en actions; canal de Louisville à Portland, 309. — Dette du Kentucky, 332.— Conditions de l'emprunt consenti par l'Etat de Louisiane à la compagnie du chemin de fer de la Nouvelle-Orléans à Nashville, 348.— Impossibilité de contracter des emprunts en 1842, 532 note, 556. —Dette des travaux publics de l'Etat de New-York à la même époque, 552 note.

— Voir Intérêts, Rentes, Travaux publics.

ENROCHEMENTS d'un pont; cube; dépense, II, 332.

ENTRETIEN DE CANAUX. Voir Dépense.—(État de New-York). Est confié aux surintendants des réparations, I, 200, 207. Les réparations extraordinaires sont exécutées directement par les commissaires des canaux, 209.—(Pensylvanie). Mauvais état des canaux en 1839, 523.—Le canal Carondelet exige un entretien constant, II, 339. Il en est de même de la rivière Rouge améliorée, 338.

EPERON. Voir Brise-glaces.— Un éperon en maçonnerie, garni de bandes de fer, accompagne ordinairement les piles de ponts en Amérique, II, 561, 577. Éperon en bois bardé de fer, 568. Inclinaison à donner aux éperons, 568 note.

EPIS, II, 98, 155 ;—construits dans le lit de l'Hudson, I, 190; — du Saint-Laurent, II, 300;—de l'Ohio, bons résultats, 318 ;— du Cumberland, 333.

EPUISEMENTS (frais d'), II, 74. Voir Pompes.

ERIÉ (canal) I, 118, 320, 421, 426, 427, 444; II, 105, 108, 203, 233. — Exposé historique, I, 147 à 150. — Construction primitive, 153 à 161. — Itinéraire d'Albany à Buffalo, 161 à 163. — Reconstruction du canal, 163 à 170, 205; II, 332. — Embranchements, I, 175 à 187. — Frais de construction, d'entretien et d'exploitation, mouvement commercial, etc. Voir New-York (Etat de). — Ligne de chemins de fer parallèle au canal Erié, 266 à 279. — Dépense d'eau, II, 203. — Projet d'emprunter une partie de son lit pour le canal de jonction des lacs Erié et Ontario, 290. — Longueur, dépense, 332. — Ponts canaux, 557.

— (Le canal) communique avec le lac Ontario : 1° par le canal Oswego; 2° par le chemin de fer de Rochester à Carthage; — avec les lacs Cayuga et Seneca, par le canal de Cayuga et Seneca; — avec la Susquehannah, par le canal Chenango; — avec le Saint-Laurent, par le canal du Black-River; — avec l'Ohio par le canal de la Genesee à l'Alleghany.

ERIÉ (lac), I, 33; II, 160. Voir Ontario. — Superficie, profondeur, volume d'eau, I, 36, 53.— Hauteur de l'Ohio à Pittsburg au-dessus du lac Erié, 519. —Hauteur du lac Erié au dessus de l'Atlantique et du lac Ontario, 38, 519; II, 194 note. — Obstacle à la navigation entre ces deux lacs, I, 38. — Idem entre le lac Erié et les lacs Huron et Michigan, ib.— Avantages particuliers au lac Erié; communications établies avec l'Ohio et le lac Ontario, 40. — Exhaussement de son niveau, 41, 518. — Crête qui le borde à l'est, 45. — Itinéraire sur le littoral, 59, 60. — Marine, 215 note. — Interruption de la navigation pour cause de gelée, 252.— De sa liaison avec le réseau de canalisation de la Pensylvanie, 323, 324, 325, 450. — Canaux de l'Ohio au lac Erié, 511 à 521. — Niveau comparé du lac Erié et du lac Michigan, II, 245 note.

— (Le lac) communique avec l'Hudson : 1° par le canal Erié; 2° par le chemin de fer méridional de New-York au lac Erié; 3° par une ligne de chemins de fer parallèle au canal Erié, I, 266, 274; — avec le lac Ontario : 1° par le canal Erié et le canal Oswego; 2° par le canal Welland; — avec Boston, par une ligne de chemins de fer énumérés, 311; — avec Philadelphie, par une ligne de chemins de fer et de canaux, I, 497, 519; II, 214; — avec l'Ohio : 1° par le canal Ohio; 2° par un canal reliant Erié au lac Conneaut, par la ligne du Shenango et du Beaver; 3° par le canal précité d'Erié au lac Conneaut, la ligne du French-Creek et l'Alleghany; 4° par le canal Miami; 5° par le chemin de fer de Sandusky au Mad-River et à Cincinnati; 6° par le canal de la Wabash et par la rivière du même nom; 7° par le canal de la Wabash, le Cross Cut Canal et le canal Central de l'Etat d'Indiana; 8° par le canal de la Wabash et le chemin de fer de Lafayette à Madison.

— (Canal du lac) au lac Michigan, II, 205, 238, 239, 244 à 246.— Partie exécutée en 1842, 540. — Jonction avec l'artère d'Illinois, 245. — Chemins de fer projetés entre ces deux lacs, 250, 273, 274.

—Chemin de fer de ceinture projeté autour du lac Erié, 273.

— Chemin de fer de Boston au lac Erié, II, 531, 532 tableau.

ERIÉ (port) ou PRESQU'ILE, (Etat de Pensylvanie), I, 40, 511, 519, 520; II, 213.

— Voir Sunbury.

ESCLAVAGE, ESCLAVES, II, 142. — Nombre d'esclaves dans chaque Etat de l'Union, I, 9. — Mouvement de la popu-

lation esclave en quarante ans, 10, 11, 12. — Location de
nègres pour des travaux publics ; conditions , II, 107,
143.

Est (chemin de fer de l'), dans la Nouvelle-Angleterre, II,
580 à 582, 542.

Estillville (convention d'), II, 167.

Étanchement de canaux.—Planchéiage, I, 452, 455, 472.
— Systèmes divers, II, 204.

Etat. Voir Exploitation de chemins de fer, Travaux publics.

Etats formant l'Union américaine :— Nombre; date de leur
admission dans l'Union, I, 4. — Superficie, tableau, 6.
— Classement en différents groupes, 7. — Population (tableaux), 8 à 11. — Leur refus de concourir à l'exécution
du canal Erié, 149, 150. — Population requise pour for-
mer un Etat, 167. — Taxes dont ils frappent les voies de
communication des Etats voisins, lorsqu'elles traversent
leur territoire, I, 365; II, 34, 255, 400.—Ces taxes sont
inconstitutionnelles, 402. — Leur esprit de rivalité, II,
63, 236.—Désaccord entre l'Ohio et Indiana au sujet
des dimensions du canal de la Wabash, II, 234 ; — entre
Michigan et Ohio au sujet des limites de ces deux Etats,
235. — Précautions prises par l'Illinois contre le mauvais
vouloir possible de ses voisins; canal Michigan, 256. —
Etats traversés par un même chemin de fer; spécialité des
fonds, 169.

— Il leur est interdit d'émettre du papier monnaie, 255.
— Voir Gouvernement fédéral.

Etats du Nord : quels ils sont, I, 7. — Relations commerciales avec les Etats du Midi, II, 371.

Etat du Milieu : quels ils sont, I, 7.

Etats de l'Ouest : quels ils sont, I, 7.—Doivent, bientôt,
acquérir la prépondérance dans l'Union, 83. — Progrès
de leur population, 167; II, 187. — Influence du canal
Erié sur leur prospérité, I, 215.—Chemins de fer destinés
à les rattacher aux métropoles du littoral, 288, 504. —
Longueur comparée des lignes aboutissant à l'Ouest. Voir
chacune de ces lignes. — Obstacles à l'établissement de
voies de communication destinées à les relier à la Nouvelle-Angleterre, 292. —Mouvement commercial par les
canaux et les chemins de fer de Pensylvanie, 531, 532
tableaux; — idem par les canaux de l'Etat de New-York,
tableaux comparatifs, 536 à 558; — par le chemin de fer
de Baltimore à l'Ohio, tableaux, II, 19, 20. — Les terres
de l'Ouest appartiennent à la fédération, 44. — Mouvement commercial par les canaux de Virginie, 101. —
Observations sur les Etats de l'Ouest; progrès de la civilisation; caractère de la population; bateaux à vapeur;
grandeur des entreprises de travaux publics; emprunts ;
exécution des travaux au compte des Etats, 185 à 192. —
Mouvement commercial des denrées vers le Saint-Laurent, 288.

Etats du Sud : quels ils sont, I, 7. — Parallèle avec les
Etats du Nord, 142. — Sensation produite dans les Etats
du Sud, par le prompt achèvement du chemin de fer de
Charleston à Augusta, II, 150. — Déchéance commerciale du Sud, relativement aux Etats du Nord, 151. —
Désir des habitants du Sud de conquérir leur indépen-
dance commerciale; facilité que leur donne, pour atteindre ce but, le commerce du coton, 152 — Nécessité d'établir des voies de communication entre les Etats du Sud
voisins de l'Atlantique et ceux de l'Ouest ; exemple tiré
des prix de la farine et du coton en 1838, 158, 159. —
Diverses conventions dans ce but, 167, 168.

Etiages : — Le Saint-Laurent en est exempt, I, 46 ; —
extrêmes de l'Ohio, 47 ; II, 507; — ceux du Mississipi,
I, 74.—Influence probable du déboisement, II, 548.

Etudes (de la nécessité d') approfondies, dans les projets de
travaux publics, II, 281.

Evans (Olivier), de Philadelphie, I, 320.

Evaporation. Voir Pertes d'eau.

Exécution (rapidité d') des ponts, II, 561, 566.

Expériences tentées par la compagnie du chemin de fer
de Baltimore à l'Ohio, pour améliorer son matériel, II,
14 à 16.

Exploitation des canaux américains; régularité du service,
I, 216. — Voir Dépenses.

Exploitation de chemins de fer. Voir Chevaux, Dépenses, Matériel, Mouvement, Produits, Tarifs.
— par les Etats, I, 544, 558, 440.
—Economie pouvant résulter de la combinaison du service
des marchandises avec celui des voyageurs, I, 355, 379.
—Locations de wagons pour les marchandises, I, 358. —
Surveillance des marchandises ; risques; chargement et
déchargement, I, 359. — Service exclusif des stations de
premier ordre par des convois spéciaux, I, 379. — Convois mixtes, II, 451. — Composition des convois mixtes
sur le chemin de Petersburg, II, 423. — Plates-formes à
l'avant et à l'arrière des voitures à 8 roues pour les bagages, II, 16.

Exportations respectives des Etats du Nord et des Etats du
Sud de l'Union, II, 154; — de l'Union entière, 154 note.
— Exportation du coton, 152, 153, 154 tableaux. —
Exportation totale de l'Union à diverses époques; expor-
tations de la Nouvelle-Orléans, 547 tableau.

Expropriation. Voir Terrains, Rachat.
—(Jurys d'), II, 103. — Vente à l'encan d'un chemin de
fer, II, 348. Voir aussi page 388.

F

Fair-Mount, près de Philadelphie, I, 422, 451, 452, 455.

Faîtes. Voir Point de partage. — Hauteur du faîte existant entre le bassin de l'Hudson et le lac Ontario , I, 50;
—entre le bassin de l'Hudson et le lac Champlain, ibid;—
entre le bassin du Saint-Laurent et celui du Mississipi,
33, 52, 120 ; II, 244, 255;—entre le bassin de l'Hudson et
celui du Saint-Laurent, I, 42 ; — entre ces deux bassins et le lac Champlain , ibid; — entre le lac Michigan
et la vallée de l'Illinois, 43. — Faîtes de diverses chaînes
et montagnes isolées du nouveau continent, 114. — Hauteur du faîte qui sépare les fleuves français du Danube, I,
117, — le bassin du Roanoke de celui du New-River,
affluent de l'Ohio, II, 124,—le James-River de la vallée
d'Ohio, 125. — Induction tirée de la hauteur d'un faîte
d'après la direction des cours d'eau et des vallées qu'il
sépare, (faîte de séparation de la Maumee, affluent du lac
Erié, et de la Wabash, affluent de l'Ohio), 252.

—Faîtes franchis par différents chemins de fer, I, 116, 119,
177, 266, 282, 283, 284 tableau, 300, 301, 302, 306, 307,
333, 496, 505, 507; II, 4, 88, 115, 141, 144, 273, 274,
374, 383, 455, 506, 551 note. — Elévation au dessus
de la mer des points culminants de quelques uns des canaux ou chemins de fer exécutés ou projetés au travers
des Alleghanys, II, 162 note. — Elévation au-dessus du
pied des montagnes, 164.

Farine — Prix du transport, I, 243, 557, 368 , 440, 441;
II, 189, 284. — Prix commercial du baril, II, 159. —

Mouvement, I , 224 , 235 , 238 , 464 , 479 , 531 , 534; II, 18 , 20 , 39 , 40 , 240 à 242, 222, 286, 287, 347 *note*, 363, 366, 424, 470, 471. — Progression du mouvement due aux chemins de fer, II, 18. — Droits de péage, I, 255, 357, 367, 424, 425, 426, 427, 428 à 431, 463, 478; II, 18, 115, 284, 346, 357, 361.—Observation sur l'évaluation du poids de la tonne de farine, II, 284 *note*.

FARMINGTON (canal du), I, 515.

FEAR (cap), II, 429. — Jonction à l'Albemarle Sound par les lagunes, II, 367. — Itinéraire de la ligne de navigation de la baie de Narragansett au cap Fear , 368. — Ligne de navigation du cap Fear à Charleston , 368.

FEAR (rivière du cap) I, 29; II, 429. — Longueur, largeur et superficie de son bassin, I, 22. — Cataracte , 24. — Premiers essais de canalisation, 154.

FÉDÉRAL (lien) des Etats formant l'Union américaine ; Impôts qui y portent atteinte, I, 565; II, 54. *Voir* Gouvernement, Domaine.

FER. *Voir* Mines, Mouvement commercial. — Augmentation de la consommation, II, 460. — Exploitation par l'anthracite, 475 , 480. — Qualité des fers anglais et américains, 480.

— pour rail; prix de la tonne, 499.

— Fer forgé ; prix du kilogramme, 518, 520.

— pour les ponts en bois ; quantité , 555 , 573, 574; — prix, 574, 584.

— (Absence de) dans les ponts de Town, 565.

FERTÉ-SOUS-JOUARRE (la). (Pierre meulière de) , transportée dans les Etats d'Ohio, d'Illinois et de Michigan, I, 216.

FESSENDEN (M. J. B.), I, 301, 303; II, 557.

FESSENDEN (M. J. M.), I, 306, 307, 312.

FILTRATION. *Voir* Pertes d'eau.

FINANCIÈRE (histoire) : — des canaux de l'Etat de New-York, 197 à 205;—du canal du Schuylkill, 451 à 454.—Canaux et chemins de fer appartenant à l'Etat de Pensylvanie, 522 à 525. — Chemin de fer de Baltimore à l'Ohio, II, 10, 24, 30, 31. — Canal de la Chesapeake à l'Ohio, II, 56 à 61. — Canal de Virginie, 101, 102, 107. —De la caisse des travaux publics , dans l'Etat de Virginie, 127 à 135. — Canal Ohio, 194, 195, 196. — Dépenses de l'Etat d'Ohio pour les travaux publics, 229.—Travaux publics d'Illinois, 262 à 265. — Canal Welland, 281, 283.—Travaux du Canada, 304.—Canal de de Louisville à Portland , 309 , 310. — *Voir* Crise, Emprunts, Fonds des Canaux, Intérêts.

FISK (M.), II, 54, 56.

FLACHAT (E.), ingénieur français, I, 352.

FLINT (M.), I, 103, 107.

FLINT-RIVER, I, 25. *Voir* Alatamaha.

FLORIDE , I , 5 , 6 , 8 à 11 ; II , 156.

—(Projet de canal au travers de la), II, 368, 369.

FONCTIONNAIRES : ne jouissent pas de pensions de retraite, aux Etats-Unis, I, 328.

FONDATIONS d'écluses sur pilotis, II, 359 ; *idem* avec lit de madriers recouvert de planches et formant le radier, I, 160; II, 300.

— du pont de Georgetown sur le Potomac, batardeaux, caissons etc., II, 67 à 85. Détail des dépenses, 73, 74.

— du radier d'un canal sur pilotis, 298.

— de murs de soutènement d'un canal , sur pilotis, 560.

— d'un pont de chemin de fer, sur pilotis , 318.

— de barrage ; gros blocs, 345.

— Difficultés d'établir un chemin de halage dans un terrain marécageux, 360.

— Fondations profondes du pont-aqueduc sur la rivière de Harlem; dépense totale, 530.

—Fondation d'un pont en pierre sèche, avec enrochements, 552.

—Fondation d'un pont au moyen de batardeaux, 554 ; — sur pilotis dans les terrains d'alluvion bordant le golfe du Mexique, 567 ; — sur le roc, 574.

FONDS DES CANAUX (Etat de New-York); ressources affectées à ce fonds, I , 197.—Commissaires du Fonds des Canaux,198, 240.—Emploi fait par eux des sommes disponibles, 204 à 205.—Fonds des canaux dans l'Etat d'Ohio; organisation et ressources y affectées, II, 195 , 196.

FONDS DES TRAVAUX PUBLICS.

—(Pensylvanie), actif et passif de ce fonds, I, 522.

—Caisse spéciale des travaux publics en Virginie, actif et II, 95, 127 à 133 *tableaux*.

FONTE (ouvrages en); prix du kilogramme, II, 518, 520.

FORFAR. *Voir* Arbroath.

FORMAN (M.), I, 148.

FORRER (M. Samuel), II, 205.

FORSYTH (Géorgie), II, 178.

— (Chemin de fer de) aux environs de Decatur, projet, II, 176.

— *Voir* Macon, Madison.

FORT EDWARD. *Voir* Burlington.

FORT GRATIOT (chemin de fer de) au lac Michigan, projet. II, 276.

FORTH (canal de la)à la Clyde, ligne d'Edimbourg à Glascow, I, 456.

FOSSÉS. *Voir* Assèchement.

FOURCHE (canal LA), II, 339.

FOX-RIVER, (ou Neenah) affluent du lac Michigan, II, 256. — Sa distance de la rivière Wisconsin, I, 57. — Jonction naturelle de ces deux cours d'eau, II, 268. — Caractère du Fox, commun à d'autres cours d'eau de la même région, II, 268.

FRANCE : nécessité d'y pousser certains travaux publics avec ardeur, I, 264. *Voir* Plans inclinés.

FRANCISVILLE (Louisiane).*Voir* West-Feliciana.

FRANKLIN, I, 431, 453, 430.

FRANKLIN, sur la rivière Alleghany , au confluent du French-Creek, I, 544, 549.

— (Chemin de fer de) à Beaver, I, 561, 563, 573.

— (Chemin de fer du comté de), de Chambersburg à Williamsport. *Voir* Chambersburg.

FREDERICK (embranchement de) sur le chemin de fer de Baltimore à l'Ohio, II, 3. — Dépense, 10, 536. — Circulation, 18. — Longueur, 536.

FREDERICKSBURG. *Voir* Richmond.

—(Chemin de fer de) au Potomac, II, 129, 434.— Tarif, I, 463.

FREEPORT, I, 423. *Voir* Kittaning.

FREIN, II, 144, 456, 510. — Description, II, 17; dessin, pl. V, fig. 6; II, 512, pl. XIV, fig. 17 et 18, *p. p.*; page 514, pl. XV, fig 12 à 15; page 515 et 519; pl. XV, fig. 16, R. — Détail de la dépense, 520.

FRENCH BROAD, affluent du Tennessee , faibles pentes , I, 126; II, 165.

FRENCH CREEK, affluent de l'Alleghany, I, 323, 324, 484.

—(Canalisation du) I, 544 à 545, 525, 526; II, 271. — Partie exécutée en 1842, 557.

— (Rigole navigable du), au lac Conneaut, I, 326, 512. —

Sa jonction avec la ligne du Beaver au lac Erié, 515.

FRENCHTOWN. *Voir* Newcastle.

FRONTIÈRES :

— des possessions américaines et anglaises sur les bords de l'océan Pacifique; leur incertitude, I, 2, (c'est par erreur que le texte mentionne une contestation avec la Russie, au sujet de la démarcation des frontières.)

— des Etats-Unis, longueur, description, I, 6, 52. — Différend entre les Etats d'Ohio et de Michigan au sujet de leurs limites respectives, II, 235.— Principe de la délimitation des Etats, 237, 244.

FULTON (Robert), I, 148, 159, 474; II, 187.

G

GADSDEN (M.) II, 163 *note*.

GALÉNA, ville sur le Mississipi, centre de l'exploitation des mines de plomb, I, 84.

— (Chemin de fer de) à Savannah, II, 261; prolongement jusqu'au confluent du Mississipi et de l'Ohio, par Dixonville, La Salle, Bloomington, Decatur, Shelbyville et Vandalia, *ibid.*

GALLATIN (M.), I, 132, 154, 155, 297, 449, 499; II, 95, 138, 139, 289, 364. — Exposé de son plan de voies de communication, 136 à 141.

GARANTIE. *Voir* Crédit, Intérêt.

GARES DE CHEMINS DE FER; étendue, II, 385.

GARES D'ÉVITEMENT. — Description, II, 145. — Espacement, 173.

GARIN (M. L.), I, 172.

GARNKIRK. *Voir* Glascow.

GARONNE (canal latéral à la), I, 164, 165, 432; II, 509.

GARYSBURG, lieu où se croisent les chemins de fer de Portsmouth au Roanoke et de Petersburg au Roanoke, II, 430.

GASTON. *Voir* Belfield.

— (Chemin de fer de) à Raleigh, II, 425, 542.

GAULEY, crête des Alleghanys. *Voir* Cumberland.

GAY (M.), I, 358.

GEDDES (M.), I, 147, 148, 172; II, 194, 195.

GEDNEY (M.), I, 31.

GELÉES aux Etats-Unis; obstacles qu'elles apportent à la navigation des rivières, I, 99; — des canaux, 100, 463; II, 288, 502;— des ports, I, 175. — Le dégel dégrade les chemins de fer, 100, 406. — Durée de la fermeture de l'Hudson (*tableau*), 250. — Etablissement de chemins de fer destinés à remédier à cet inconvénient, 280, 463. — Gelées sur le Potomac, II, 72; — sur le Saint-Laurent, 279, 297, 299.

GENESEE (rivière), I, 20, 43, 45, 156, 166, 178, 182.

GENESEE (canal de la) à l'Alleghany, I, 157, II, 274. — Date de l'exécution, I, 150. — Point de jonction avec le canal Erié, 162. — Description générale, 182 à 185. — Frais de construction, 204 205. — Pourquoi on a préféré les écluses aux plans inclinés, II, 481, 482. — Longueur exécutée en 1842, 533.

GENET (M.), français, I, 189, 190.

GÉNIE FÉDÉRAL, I, 191, 299; II, 44, 54, 141, 167, 228, 267, 289, 453.

— Génie britannique, II, 504, 542.

GÉOLOGIE. Régularité de la constitution géologique de la vallée du Mississipi, I, 64. — Nature des terrains de la vallée du Saint-Laurent, II, 297, 298; — du sillon des Alleghanys bordé à l'est par le Blue Ridge, I, 452.

GEORGETOWN, sur le Potomac, II, 44, 49, 57, 58, 63.

— (Bassin de), 45, 47, 52, 53.

— (Port de), 62.

— (Pont-aqueduc de), 536 *note*, 561. — Détails de construction, 65 à 85. — Disposition proposée pour le coffre de l'aqueduc, 558, 574.

GÉORGIE, I, 5, 6, 8 à 11, 17, 18, 26; II, 156, 168.

— (Travaux publics de la), II, 175 à 181.

— (Chemin de fer de) ou d'Augusta aux environs de Decatur, II, 176. — Embranchements projetés, 180. — Avantage d'une jonction avec le chemin de Tuscumbia à Decatur dans l'Etat d'Alabama, 533. — Subdivisions, embranchements, 536 *tableau*.

GERMANTOWN (embranchement inachevé de) sur le chemin de fer de Philadelphie à Norristown, II, 441.

GERSTNER (M. DE), ingénieur allemand, I, 449.

GETTYSBURG. *Voir* York.

— (Chemin de fer de Chambersburg à). — Tarif, I, 361. Taxe sur les dividendes, 362.

— (Chemin de fer de) à Williamsport sur le Potomac, par Hagerstown, I, 504, 505, 524, II, 535.

GILL (M.), II, 216.

GILPIN (Thomas et Josué), II, 338.

GIRARD (M.), I, 76.

GIRARD (le banquier Etienne), I, 310, 452, 453.

GIRARD (canal), I, 452, 453, 457, 458.

GLASCOW (chemin de fer d'Edimbourg à), I. 367, 368.

— (Chemin de fer de) à Garnkirk, 378.

— (Canal de) à Edimbourg. *Voir* Forth et Clyde.

— (Canal de). *Voir* Union (canal de l') en Angleterre.

GLOUCESTER. *Voir* Birmingham,

GORCUM (canal de) à Vianen, I, 437, 439.

GORE RAILROAD (Haut-Canada), II, 276.

GOUVERNEMENT FÉDÉRAL. *Voir* Domaine, Terres. — Non-intervention dans les travaux publics, II, 44, 58. — Appui qu'il prête à l'entreprise du canal de la Chesapeake à l'Ohio, 45, 54, 57. — Fonds pour l'amélioration de l'Hudson, I, 191, 196. — Travaux à sa charge, II, 202, 213, 245, 289, 365, 367. — (Franchises accordées au) sur les canaux de l'Etat d'Ohio, II, 225. — Refuse son assistance à l'entreprise du canal Erié, I, 149, 150. — Part attribuée à l'État d'Indiana dans la répartition des fonds fédéraux en réserve, II, 254. — Le produit des douanes appartient au trésor fédéral; évaluation de ce produit, 253. — Concède des terres à divers États de l'Ouest pour les aider à exécuter leurs voies de communication, II, 223, 232, 256, 334. — Refuse d'acquérir le canal de Louisville à Portland, 309. — Est actionnaire dans cette entreprise, *ib.* — Fait procéder à l'amélioration du Mississipi, 319. — Sommes qu'il a allouées pour l'amélioration de l'Ohio, du Mississipi, et de leurs principaux affluents, 325, 333. — Souscription au canal de la Delaware à la Chesapeake, II, 560; — au canal du Dismal Swamp, 565. — Créancier de l'Etat de Pensylvanie, 554 *note*.

GRAHAM (M.), des Topographical Engineers, II, 433.

GRAND-RIVER, tributaire du lac Michigan, amélioration et jonction au Saginaw, II, 274, 275, 340, 545, 546.

GRAND-RIVER, ou Ouse, tributaire du lac Erié, II, 279, 280. — Canalisation, 288, 328.

GRAND TRUNK (canal du), ligne de Londres à Liverpool, I, 456, 457.

GRANDE JONCTION (chemin de fer de), de Birmingham à Newton, sur le chemin de Liverpool à Manchester, I,

576. — Tarifs, I, 278, 279. — Frais d'établissement, I, 344 ; — d'entretien, 547 ; — de traction, 356.

GRANIT : gisements, II, 18, 34, 54, 55. 72, 555. — Espèces diverses, 552, 555.

— (Ouvrages en), 9, 52, 54, 72, 117, 575, 584, 404, 530, 531. — Transport, 553. — Exploitation ; procédés, 553. — Taille, 555. — Préféré au marbre en certains endroits ; n'était pas en usage autrefois, 554.

—(Ouvrages rustiques en), 552, 555.—Prix du mètre cube, 552, 553.

GRATIOT (le général), I, 191.

GREAT-WESTERN (chemin de fer du) ou de Londres à Bristol, I, 279, 576, 589.

GREEN-MOUNTAINS, I, 20.

GREENPORT (chemin de fer de Brooklyn à), II, 390.

GREEN-RIVER, affluent de l'Ohio. Travaux de canalisation, II, 350, 531, 340.

GREENSVILLE (chemin de fer de), II, 425, 542.

GREENWICH (chemin de fer de Londres à), I, 570.

GRENVILLE (canal), II, 328, 540.

GRÈS (édifices en), II, 554.

GRILLAGE. Fondations sur pilotis, II, 299.

GRUES desservies par des chevaux ; Id. par des hommes, II, 80, 85.

GUERRE. — Ce que coûte le système militaire à la France et à l'Europe ; est un obstacle au développement des grandes entreprises de travaux publics ; avantage des États-Unis à cet égard, II, 191. Idem du Canada, 505.

GUITEAU (M.), II, 449.

GWYNN (M.), II, 429.

H

HAGERSTOWN, II, 25. — (Chemin de fer de Gettysburg sur) et Williamsport, destiné à compléter la jonction du chemin de fer de Philadelphie à Columbia, avec celui de Baltimore à l'Ohio, I. 502, 505, 524.

HAINES (M. R.), I, 95, 96, 98, 110.

HALAGE. Voir Chemins de halage.

··· N'est jamais opéré par des hommes, aux États-Unis, I, 216 ; II, 354.

— (Mode de) usité sur le Saint-Laurent, II, 294 note.

HAMILTON (M.), II, 469.

HAMPSHIRE (canal d') et d'Hampden, I, 513.

HARLEM. Voir New-York.

HARMAR (le général), II, 187.

HARPER's FERRY, II, 64. Voir Winchester.

— (Défilé d') ; description, I, 19 ; II, 24. Traversée du canal de la Chesapeake à l'Ohio, II, 50, 51.

— (Ville), 59.

— (Chemin de fer de Baltimore à), 1re partie du chemin de Baltimore à l'Ohio ; détails de construction et d'exploitation, II, 1 à 25. Longueur, dépense, 555.

— (Chemin de fer de) à l'Ohio, 2e partie du chemin de Baltimore à l'Ohio ; études et commencement des travaux, 24 à 31. Exécuté jusqu'à Cumberland ; description, 555 note.

HARRIS (M.), I, 488, 490.

HARRISBURG, I, 525, 590, 591, 595, 419, 422, 507. Voir Sunbury, Lancaster.

—(Chemin de fer de) à Chambersburg, embranchement de l'artère de la Pensylvanie, II, 443 ; I, 554. Prolongement jusqu'à Pittsburg, projet, I, 506, 507.

— (Chemin de fer de) à York, projet, II, 89.

HARTFORD :

— (Chemin de fer de) à New-Haven, embranchement du chemin de Boston à l'Hudson, I, 512, 560.

— (Chemin de fer projeté de) à Springfield, I, 512 .

— (Chemin de fer projeté de) au Saint-Laurent, I, 544.

HATTERAS (cap). Point important dans la topographie américaine, I, 18, 28.

HAUTEUR moyenne de diverses montagnes. Voir Cimes, Faîte, Point de partage.

—Alleghanys, I, 19, 20, 53, 114, 115. — Groupes du Brésil, de la Parime, chaîne du littoral de Venezuela, 114.

HAVERHILL, II, 572, 373.

HAVRE DE GRACE (Amérique). Voir Columbia, Wilmington.

HAWLEY (M.), I, 148.

HAYNE (M. R.), II, 160, 168, 169, 170.

HAZARD's REGISTER, I, 521.

HAZELTON (chemin de fer de), II, 453, 473, 544.

HIGH PEAK. Voir Cromford.

HIGHLANDS d'Amérique, I, 20, 25. —Traces d'une ancienne rupture, 30, 42.

HIWASSEE (chemin de fer du), II, 170, 171. — Tracé, 178. —Longueur exécutée en 1842, 557.

HOCKING (canalisation du) , II, 219. — Longueur exécutée et dépense faite jusqu'en 1842, 557.

HOFFMANN (M.), II, 158 note.

HOLLEY (M.), I, 150 ; II, 265 note.

HOLLIDAYSBURG, I, 393, 422. Voir Columbia.

HOLSTON, branche du Tennessee, II, 120, 123, 161, 333.

HONESDALE. Voir Carbondale.

HOPKINS (M.), II, 412.

HORSE SHOE BEND (viaduc de l'), II, 551.

HOUILLE. Voir Mines, Anthracite.- Consommation annuelle par habitant, en Angleterre, I, 528. — Chemins de fer établis pour l'écoulement des produits des mines de houille , II , 448 , 343. — Quantités extraites, 448. — Mouvement commercial, 448, 469 note.

HOUSATONIC (chemin de fer de l'), I, 313 ; II, 532.

HOWARD (M. W.), II, 44, 62, 63.

HOWE (M. Ch.), I, 111.

HUDDERSFIELD (canal de), en Angleterre, I, 115.

HUDSON (fleuve) : Son bassin traverse la chaîne des Alleghanys, I, 21, 30, 42. — Longueur, largeur et superficie de ce bassin, 23. — Absence de cataractes et de rapides, 25. —Ports maritimes, le long de son cours, 27. — Faibles élévations qui le séparent du réseau des grands lacs et de la vallée Centrale, 30, 42. — Limite de la marée, 30. — Id. de la navigation fluviale, 30, 172. —Est peu éloigné du lac Ontario, 37. — Hypothèse sur la formation de sa vallée, 42. — Gelées, 100, 250, 280, 286. — Premiers travaux entrepris pour le faire communiquer aux lacs Ontario et Champlain , leur peu de succès, 132, 133. — Dérivation avec écluse pour le rendre navigable jusqu'à Waterford, 172.—Travaux d'amélioration, 189 à 196.— Longueur améliorée en 1842, II, 553. — Mouvement de la navigation, I, 224 à 227. — Remorquage à la vapeur sur l'Hudson, prix, 244. — L'Hudson dépend du domaine fédéral ; taxe illégale établie per l'Etat de New-York sur les voyageurs, 366. — Origine de la navigation à vapeur, II, 188. — Voies de communication partant des mines de charbon de la Pensylvanie et débouchant dans l'Hudson ,

II, 455 à 462.—Bassin dans l'Hudson, à Troy, 533.—*Voir* Delaware.

Hudson (l') communique :

—avec le lac Erié: 1° par le canal Erié et par une ligne de chemins de fer parallèle à ce canal, I, 266, 274; — 2° par le chemin de fer de New-York au lac Erié, 151, 280. *Voir* Erié (canal), Oswégo.

—avec le lac Champlain et le Saint-Laurent, par les chemins de fer d'Albany à Schenectady, de Schenectady à Saratoga et de Saratoga à Whitehall, et du lac Champlain à Ogdensburg (projeté), 276.

—avec le Connecticut (projet de canal de jonction), 298.

—avec Boston, par une ligne de chemins de fer (*Western Railroad*), (Boston à Worcester; Worcester à West-Stockbridge; West-Stockbridge à Hudson, à Albany et à Troy).

—avec la Delaware, par le canal de l'Hudson à la Delaware.

Hudson (ville). *Voir* West-Stockbridge.

Huerne de Pommeuse, I, 205.

Humboldt (M. de), I, 111 à 114, 126.

Huntingdon (ville), I, 390 à 394, 422, 446.

Huntsville (canal d'embranchement de) au Tennessee, II, 534, 540.

Huron (lac), II, 272, 273. — Superficie, profondeur, volume d'eau, I, 36, 39.—Hauteur au dessus de l'Atlantique et du lac Ontario, 38. — Liaison avec les autres grands lacs, avec le bassin du Mississipi et avec le Saint-Laurent, 41, 48. — Description de ce lac par M. Bouchette, 32. — Itinéraire, 57.

—Canal de jonction avec le lac Saint-Clair, II, 274; —avec le lac Michigan, 274; — avec le lac Supérieur, 275; — avec le lac Ontario, 276.

— Chemins de fer entre le lac Huron et le lac Ontario, 276; — entre le lac Huron et le lac Michigan, *ib.*

Huskisson, ministre des colonies en Angleterre, II, 542.

Hutchinson (M.), II, 481.

Hydrodynamique. Influence de la section des canaux sur la résistance de l'eau au mouvement des bateaux, II, 50.

Hydrographie. *Voir* Bassin, Courants, Littoral, Rivière.

I

Illinois (État d'), I, 5, 6, 8 à 11, 35; II, 186, 232, 266.— Description générale des canaux et des chemins de fer de cet État, II, 245 à 265. — Travaillait avec ardeur en 1834 et 1835, à l'établissement de chemins de fer, I, 281 *note*. — Jonction de ses voies de navigation avec le canal du lac Erié au lac Michigan, II, 245. — Améliorations de rivières, 267. — Témérité de ses entreprises, 260; crise financière, 264, 265. Montant de sa dette en 1841, 559.

Illinois (rivière), affluent du Mississipi. — Communique dans les temps de crue avec le lac Michigan, I, 34, 37, 45; II, 255. — Limite de sa navigabilité, I, 67. — Itinéraire, 93. — Pente, 123; II, 255. — Navigation facile, 255. — Canal de jonction avec le lac Michigan, 245, 297. — Améliorations, 262, 546.

Importations respectives des États du Nord et des États du Sud de l'Union à diverses époques, II, 151.

Impôts *Voir* Douanes, États.—État de New-York, I, 199, 200, 260 — Fonds des canaux, fonds des écoles primaires, fonds littéraire, fonds des banques, etc, 200, 260. — Suppression des impôts directs perçus au profit de l'État, 263. — Impôt local, évaluation annuelle des fortunes privées, mobilières et immobilières, 263. — Création de nouveaux impôts dans l'État de Pensylvanie par suite de l'exécution de travaux publics, 529, 522. — Impôt sur les dividendes des compagnies de travaux publics, I, 362, 365. — Impôts sur les chemins de fer, I, 272, 365; II, 34, 35, 400, 401, 402. — Impôt sur le service des voyageurs, en France et en Angleterre, I, 369. — État de Pensylvanie : impôt du millième de la fortune des habitants; impôt sur les célibataires, sur les successions en ligne collatérale, sur les ventes à l'encan; droit d'aubaine, 522. — Suppression de certains impôts, nécessité de les rétablir, 523. — On peut, aux États-Unis, demander plus à l'impôt, qu'en Europe, pour les travaux publics, II, 191, 230. — Système d'impôts établi dans l'État d'Ohio pour donner confiance aux capitalistes, 195, 196; charge annuelle qui peut résulter pour les contribuables de la dette des travaux publics de cet État, 229, 230. — Quotité de l'impôt relativement au revenu, dans l'Indiana et en France, 252. — Accroissement de l'impôt dans l'Illinois pour assurer le service de la dette des travaux publics, 265. — Suppression des taxes d'État, dans le New-Jersey, par suite des contributions imposées à la compagnie du chemin de fer d'Amboy à Camden, 400. — Fonds de réserve formé avec l'excédant de ces contributions pour le rachat du chemin, 402.

Incendies : —de prairies, I, 65; — de forêts, *ib.*; —occasionnés par les étincelles des locomotives, II, 566.

Indemnités. *Voir* Plus value; — de dommages, I, 454; II, 559; — pour terrains. *Voir* Terrains.

Indiana (État d'), I, 5, 6, 8 à 11; II, 265. — Travaux publics de cet État : canaux, II, 232 à 246; chemins de fer, 247 à 250. — Dépenses, 251 à 253. — Récapitulation des chemins de fer et des canaux, 255. — Grande loi de 1836 sur les travaux publics, 236, 237.

— *Voir* Ohio (État d'), Longueur de canaux, de chemins de fer.

Indianopolis, II, 237, 240, 242, 247. — (Chemin de fer d') à Lawrenceburg sur l'Ohio, II, 238, 249, 559.

— *Voir* Madison.

Indiens, II, 289 *note*, 547. — Obstacles qu'ils opposaient à la colonisation de l'Ouest; leur défaite, 186, 187.

Infiltrations des eaux de la Vallée Centrale de l'Amérique, I, 40, 65; — de rivières dans un sol calcaire, 40.

Ingénieurs : — du canal Erié et des autres canaux de l'État de New-York; les commissaires des canaux leur ont laissé une grande latitude quant aux détails de l'exécution, I, 160. — Sont nommés et révoqués par ces commissaires, 213. — Parcimonie de l'État de Pensylvanie à leur égard; dépenses qui en sont résultées, 528. — Les plus distingués dirigent en même temps les travaux de plusieurs compagnies, 528. — Traitements, I, 270; II, 58, 103, 146, 397, 415, 417, 427.

Instruction publique. Fonds qui y sont affectés, I, 260, 261, 265, 362, 522; II, 229. — (Association de l'idée des travaux publics avec celle de l'), II, 61, 196.

Intérêts:

— (Garantie d'), I, 289, 312, 477, 498; II, 169, 195, 532, 573, 532 *note*.

— des emprunts pour travaux publics, I, 200, 201, 360, 452, 455, 477; II, 23, 36, 57, 60, 68, 97, 155, 195, 262, 264, 538, 574, 581, 397, 415, 417, 418, 427, 459, 468. — Ressources affectées au payement des intérêts dans l'État d'Indiana, II, 251. — Clauses stipulées par la législature du Canada, 283.

INTERNAL NAVIGATION OF THE UNITED-STATES, extraits et citations de cet ouvrage, I, 56, 57, 131 ; II, 139.

ITHACA (chemin de fer d') à Owego, I, 150, 490 ; II, 532 note, 533. — Description, 1, 177.

ITINÉRAIRE :
— le long du Saint-Laurent, I, 56.
— le long du Mississipi, 84 ; de l'Ohio, 88 ; de l'Illinois, 93 ; du canal Erié, 161 ; du canal Champlain, 172 ; des embranchements du canal Erié, 186.
— de Tappan, sur l'Hudson, au lac Erié, par le chemin de fer de New-York au lac Erié, ou du midi de l'Etat de New-York, 284.
— sur la ligne de Philadelphie à Pittsburg, 422.
— sur le canal du Schuylkill, 456 ; — de l'Union, 475.
— de Savannah à Ross's Landing et à Knoxville, II, 178.
— sur le canal Ohio, 207.
— sur le canal Rideau, 346.
— de la baie de Narragansett au cap Fear, (ligne de navigation intérieure pour le cabotage), 368.
— sur le chemin de fer de Honesdale à Carbondale, 457 ; — de Mount-Carbon à Philadelphie, 495 ; — de Pottsville à Sunbury, 507.

J

JACKSON (État de Mississipi). Voir Natchez, Port-Hudson.
—(Chemin de fer de) à Brandon, II, 335, 540.
JACKSON's RIVER, affluent du James-River, II, 93, 94.—Travaux d'amélioration, 96.
—(Canal du), 101.
JAMAICA. Voir Brooklyn.
JAMES-RIVER, fleuve de la Virginie, I, 22, 24, 27, 29, 99, 124 ; II, 41, 93, 364, 419, 424, 571, 574. — Premiers essais d'amélioration, I, 131, 134. — Travaux anciens du James-River et du Kanawha, II, 93 à 101. — Entreprise nouvelle ; première partie : canal du James-River et du Jackson's River, 101 à 110. — D'un canal maritime au dessous de Richmond, 110, 111. — Communication à établir pour les bateaux latéralement à la cataracte de Richmond, 111, 556 note. — Etat des travaux en 1842 ; longueurs partielles, dépense, 556.
—(Canal latéral au), ou canal de Virginie.—Tarif, I, 427 ; II, 115, 129.
—(Chemin de fer destiné à lier le) au Kanawha, tarif, I, 363, 373 ; II, 115.—Embranchements proposés, II, 41.— Tracés divers ; développement probable, 112 à 115.—Déviation proposée, 123.
—(Vallée du), II, 93, 94.
—(Route macadamisée du) au Kanawha, II, 97 à 99.—Produits du péage, 100.
—Voir Appomattox.
JAUBERT (M. le comte), I, 451.
JAUGEAGE. Voir Volume d'eau.
JEBB (M.), II, 342.
JEFFERSON (le président), I, 5, 49, 96, 97, 99, 111, 112, 214 ; II, 61, 118.
JEFFERSONVILLE (Indiana), II, 238.
—(Chemin de fer de) à New-Albany, 249, 540.
JERSEY-CITY, sur l'Hudson, vis-à-vis de New-York.
—(Chemin de fer de) à Patterson, II, 543 ; tarif, I, 360, 372 ; impôt, 566. — Tracé, II, 441.
—(Chemin de fer de) à New-Brunswick, tarif, I, 360, 372.— Impôt, 366. — Description générale, II, 405. — Embranchement, 406. — Longueur, dépense, 542.

(Prolongement du canal Morris jusqu'à) , 480.

JERVIS (M.), I, 179, 180 ; II, 205, 452, 510.

JETÉE. Voir Amélioration de rivière ; — de Black-Rock (canal Erié), I, 155 ; — dans le canal Cayuga, 176. — Jetées projetées sur l'Hudson, 193, 194 ; suppression des jetées précédemment exécutées, 196 —Jetée à l'embouchure du Cuyahoga, II, 202 ; du Chigago, 256.—Jetées en pierre perdue sur l'Ohio, pour creuser le lit, 318. — Jetée dans le Raritan à New-Brunswick, 334. — Jetée dans le lac Pontchartrain, sur laquelle est établi le chemin de fer venant de la Nouvelle-Orléans, embarcadère, dépense, 442.

JODOT (M. Marc,) ingénieur français, I, 249.

JOHNSON (M. E-F.), I, 175, 284, 286, 287.

JOHNSTOWN, extrémité du chemin de fer du Portage, I, 395, 396, 422. Voir Pittsburg.

JUNIATA (la), affluent de la Susquehannah, I, 321, 322, 326, 419, 484. — Canal latéral, 1, 390, 419. Voir Philipsburg.

K

KALAMAZOO.—(Chemin de fer du lac Erié au), II, 274, 275 ; longueur exécutée en 1842, 540.
—(Canal de jonction du Clinton au), 274, 275, 540.

KANAWHA (le grand) ; affluent de l'Ohio, I, 20, 89, 125, 131 ; II, 94, 98. —Travaux d'amélioration, II, 98 à 99, 115 ; produits des péages, 100. Tarif, I, 427 ; II, 115.
—(Vallée du) ; productions, II, 96. —Voir James-River.

KASKASKIA, affluent du Mississipi, amélioration projetée, II, 261, 262, 546.

KEARNEY (le colonel), II, 54, 245.

KEATING (M. W. H.), I, 340.

KEMBLE (M. M.), II, 489.

KENNEBEC (rivière), I, 23, 24. Voir Merrimack.

KENT (M.), II, 400 note.

KENTUCKY (Etat), I, 5, 6, 8 à 11, 20 ; II, 160, 186, 187.— Se montre peu favorable à l'établissement du chemin de fer de Charleston à l'Ohio, II, 169. — Concède le canal de Louisville à Portland, 308. —(Travaux de l'Etat de), 329 à 332.

KENTUCKY, affluent de l'Ohio.—Description, 1, 91. — Canalisation, II, 330, 331. — Dépense, 546.

KILLALY (M.), II, 283.

KINGSTOWN, en Irlande. Voir Dublin.

KISKIMINETAS, affluent de l'Alleghany, appelé Conemaugh, dans la partie inférieure de son cours, 1, 320, 324, 332, 417.

KITTANING. Voir Pittsburg.
—(Rigole navigable, latérale à l'Alleghany, de) à Freeport, I, 420, 513, 524 ; II, 537.

KNIGHT (M.), I, 65, 285, 286, 384 ; II, 6, 13, 15, 16, 26 à 29.

KNOX (le général), I, 293.

KNOXVILLE, ville située aux confins nord-est de l'Etat de Tennessee, II, 533.
—(Chemins de fer qui doivent traverser cette ville ou y aboutir, II, 41, 120, 121, 149, 161, 165, 166, 177, 348.
—(Convention de), II, 168.
—(Double ligne de Charleston à), l'une par la Géorgie, l'autre par les deux Caroline, longueur des deux trajets, importance de cette dernière pour Charleston , II, 170, 171, 178.
—(Itinéraire de) à Savannah, II, 178.—Voir Decatur.

KYAN (M.), II, 72.

L

Lachures (navigation au moyen de), II, 463.

Lackawana, affluent de la Susquehannah, I, 322. — (Rigole du) II, 535.

—(Mines du) II, 450, 472.

Lacock (M. A.), I, 56 note.

Lacs.—Leur absence, au midi de l'Hudson, défavorable à la navigation, I, 21. — Existent en grand nombre sur la droite et au nord de l'Hudson , 34. — Abondance de lacs dans le bassin du Saint-Laurent, 46. — Lacs nombreux qui donnent naissance au Mississipi, 66.

Lacs (grands). Existent sur le plateau de la région Centrale à la séparation des deux plans inclinés formant l'un le bassin du Saint-Laurent, l'autre celui du Mississipi , I, 53. — Hauteur maximum au dessus du niveau de la mer, ibid. — Faîte qui les sépare du bassin de l'Ohio, ibid. — Description générale du plateau des lacs, 36 à 45. — Ligne directe qui pourrait les unir à Philadelphie, Baltimore et Washington, 496.

Lacs (petits). Hauteur maximum au dessus de la mer, I, 53. — Fournissent les eaux du Mississipi, ibid. — Communication avec le lac Supérieur et la baie d'Hudson, 34.

Lafayette (Indiana). Voir Madison, Quincy.

Lagrange. Voir Memphis.

Lagunes : — des Etats du Sud, I, 21 ; forment une ligne de navigation intérieure , 29 ; II , 331 : travaux projetés , 367. — Lagunes à l'embouchure du Mississipi , I, 81 ; II, 339.

Laignel (M.), I, 383.

Lalanne (M.), ingénieur français, I, 345.

Lancaster (Etat d'Ohio).

—(Canal de) , II, 207, 216, 217, 220.

Lancaster, I, 356, 422, 505.

—(Route à barrières de Philadelphie à), I, 129, 320.

—(Chemin de fer de) à Harrisburg , embranchement de la ligne de Philadelphie à Pittsburg, I, 441, 443, 497; II, 534. — Prolongement jusqu'à Pittsburg par un chemin de fer continu ; projets, 506, 507.

—(Chemin de fer de) à Williamsport, sur le Potomac ; subdivisions, II, 534.

Lapham (M.), II, 266, 267.

Lannemezan (plateau du), en France. — Approvisionnements d'eau projetés, II, 483.

Lapham (M.), II, 266, 267.

Largeur de diverses rivières : — Niagara, I, 58. — Saint-Laurent, 43 , 55. — Saguenay , 50. — Mississipi, 75. — Muskingum, 89. — Kanawha, 89. — Scioto, 90. — Hudson, 493. — Susquehannah , 499. — Potomac, II, 45. — New-River, 111. — Ohio; largeur du chenal , 517.

Latitude. — Répartition de la surface des Etats-Unis entre les diverses latitudes, I, 4.

Latrobe (M. B. H.), I, 384, 499; II, 29, 553.

Laurel Hill, I, 423, 506, 507.

— (Chemin de fer du), II, 473.

Laurel Run, I, 396.

—(Chemin de fer du), II, 453, 472, 544.

Lawrenceburg sur l'Ohio et le canal du White-Water. Voir Indianapolis.

Laws of the state of New-York in relation to the Erie and Champlain canals; extraits et citations, I, 151.

Lebanon (Ohio), II, 227.

Lebanon (Illinois). Voir Alton, Belleville.

Lee (Richard Henry), I, 131.

Leeds. Voir Manchester. — (Canal de) à Liverpool, en Angleterre, I, 115.

— (Chemin de fer de) à Selby , en Angleterre, I, 378.

Legaux (M.), I, 95 à 98, 106, 107, 110.

Legrand (M.), sous-secrétaire d'Etat des travaux publics en France, II, 483.

Lehigh, affluent de la Delaware, I, 524, 526, 527, 498. — Premiers travaux de canalisation; lâchures; écluses hydrostatiques, II, 463, 464.

— (Canal du), I, 427, 428; II, 452, 491, 544. — Description, II, 463 à 468. — Exploitation, 469 à 471. — Embranchements, 472 à 475.

— (Chemin de fer de la Susquehannah au) ou de Wilkesbarre à White-Haven, I, 498. Voir Wilkesbarre.

— (Mines du), II, 449, 450.

— (Voies de communication pénétrant dans le terrain anthraxifère par le), 463 à 491.

Leominster (canal de) en Angleterre, I, 115.

Levée en terre, établie par les Français sur les bords du Mississipi, I, 76.

Lewis (M.), I, 456.

Lexington (Kentucky).

—(Chemin de fer de) à Louisville et à Portland sur l'Ohio, tarif, I, 364, 375. — Description générale, II, 532. — Partie exécutée en 1842, 536.

—(Chemin de fer de Charleston à Cincinnati sur l'Ohio par), II, 166, 167, 170.

— Voir Columbia.

Licking , affluent de l'Ohio (canalisation du), II, 329, 531, 546.

Little (M.), I, 96, 97, 99.

Littoral de l'Atlantique; description, I, 18, 26, 27, 28, 30; II, 137, 142. — Son étendue comparée avec celle du littoral des lacs, I, 57. — Nécessité de lignes de navigation intérieure reliant les points importants du littoral, 450. — Configuration du littoral du bassin du Mississipi, et des vallées latérales qui en dépendent, 81. — Absence de voies de transport de l'Est à l'Ouest aboutissant à la partie méridionale du littoral de l'Atlantique, II, 159. — Communications du Nord au Midi le long de l'Atlantique ; ligne de navigation, 551 à 569; chemins de fer, 571 à 436; récapitulation, 541 à 543, 548.

Livermore (M.), I, 548.

Liverpool—(Port de) arrivage de coton, comparaison avec les arrivages de la Grande-Bretagne entière, I, 479 note.

—(Chemin de fer de) à Manchester en Angleterre, I, 402 ; II, 16, 375. — Limite des bénéfices, I, 348. — Prix des places, I, 278, 279. — Frais de construction, 544. — Frais d'entretien : de la voie, 546; du matériel, 547, 548. — Frais de traction, 553, 558. — Prix coûtant du transport des marchandises, 356; — des voyageurs, 371.

— Voir Londres.

Livingston (Robert R.), I, 149.

Localité (esprit de).— Abus de pouvoir envers des compagnies de travaux publics, I, 267. — Prétentions de toutes les localités à avoir des canaux ou des chemins de fer (Illinois), II, 260. — Somme allouée aux comtés privés de canaux et de chemins de fer (Illinois), 262.

Lockport. — Position sur le canal Erié, I, 465.

— (Chemins de fer de) à la cataracte du Niagara et de la cataracte à Buffalo, 273; II, 551.

LOCKPORT, sur le canal Michigan, II, 257, 259.
LOCOMOTIVES. *Voir* Chevaux, Combustible, Matériel, Plans inclinés, Roues. — Par qui inventées, I, 520. — Des locomotives américaines, I, 584 à 589. — Locomotives à chaudières verticales; description et dessin, II, 12. — Détails sur la puissance des locomotives du chemin de fer de Baltimore à l'Ohio, II, 14 à 15. — Causes des améliorations obtenues, 15. — Mesure de ces améliorations, 16. — Locomotives à huit roues, d'une grande puissance, sur le chemin de fer de Mount-Carbon à Philadelphie; détails sur ces machines, 500.
LOING (canal du) en France, données générales, I, 421, tarif, 430, 431.
LOIRE, I, 24; II, 154. — Nécessité de travaux d'amélioration, II, 174, 296 *note*.
— (Canal latéral à la), I, 421; II, 206.
LONDRES. *Voir* Birmingham, Blackwall, Bristol, Great-Western, Greenwich, Southampton. — Mouvement de la population, I, 14.
— (Canal de) à Liverpool, I, 421. *Voir* Grand Trunk, Coventry.
LONG (le colonel), I, 314, 397, 398; II, 9, 167. — Ponts du système Long, II, 403, 557.
LONGRINES, I, 177, 267, 509, 536; II, 535 *note*, 573. — *Voir* Bois, Rails, Superstructure. — Assèchement, II, 516. — Dimensions, 575, 578. — Longrines soutenant des traverses de bois; solidarité de ce système de construction; difficultés pour renouveler les madriers enterrés, I, 556.
LONG SAULT.
— (Rapides du) sur le Saint-Laurent, II, 292, 295.
— (Canal du) à Cornwall, 295, 298 à 305, 540.
LONGUE-ILE (détroit de la), II, 368, 389.
— (Chemin de fer de la); description, II, 389. — Partie restant à exécuter, 436. — Dette, 552 *note*. — Longueur exécutée en 1842, 542.
— *Voir* Massachusetts.
LONGUEUR DE CANAUX comparée à la population et à la superficie du sol, en Angleterre, en France et dans l'Etat de New-York, I, 151, 315; dans la Nouvelle-Angleterre, 315; dans la Pensylvanie, 551, 542; dans le Maryland, II, 91; dans la Virginie, 135; dans l'Etat d'Ohio, 230; d'Indiana, 255; dans l'Union américaine tout entière, 1° en comptant les parties non achevées; 2° en ne comptant que les parties livrées à la circulation, 549; en Angleterre, en France et aux Etats-Unis comparés, 550. — Longueur de canaux ou de rivières canalisées: — France et Etats-Unis, I, 118. — Etat de New-York, I, 150, 151, 187; II, 289. — Nouvelle-Angleterre, I, 315. — Pensylvanie, 531, 539, 540 *tableaux*. — Maryland, II, 90. — Virginie, 144. — Caroline du Sud, 138, 139. — Etat d'Ohio, 230.
— Géorgie, 174. — Indiana, 253. — Illinois, 253. — Wisconsin, 267, 268. — Michigan, 274, 275. — Canada, 278, 528, 544. — Kentucky, 508, 531. — Alabama, 333, 334. — Canal de la Chesapeake à l'Ohio, II, 47. — Louisiane, 339. — Canal du Raritan à la Delaware, 354; — du Dismal Swamp, 565.
— Tableau général des longueurs de canaux en Amérique et des parties exécutées à la fin de 1842, 531 à 545. — *Idem* pour les améliorations de rivières, 546. — Résumé par groupes, 548. — Longueur comparée de divers canaux en France et en Amérique, I, 118.
LONGUEUR DE CHEMINS DE FER exécutés ou projetés. — Longueur de chemins de fer comparée à la population et à la superficie du pays: Nouvelle-Angleterre, 315; Etat de New-York, 517; France et Angleterre, 518; Pensylvanie, 531, 542; Maryland, II, 91; Virginie, 135; Ohio, 231; Indiana, 253; Illinois, 264; Michigan, 274; Union américaine tout entière: 1° en comptant les lignes non achevées; 2° en ne comptant que les lignes livrées à la circulation, 549. — Etats-Unis, France et Angleterre comparés, 550. — Longueur de chemins de fer dans la totalité des Etats-Unis, I, 115; — dans la Nouvelle Angleterre, 314, 315, 582; — dans l'Etat de New-York, 316; — Pensylvanie, 531. 540, 542 *tableaux*; — Maryland, II, 33, 90, 91; — Virginie, 134; — Ohio, 230; — Indiana, 253; — Illinois, 263; — Michigan, 273; — Alabama, 334; — Tennessee, 335; — Mississipi, 335, 336; — Louisiane, 336, 538, 539, 540; — Caroline du Nord, 425; — Caroline du Sud, 425. — Récapitulation générale; partie exécutée à la fin de 1842, 531 à 545 *tableaux*. — Résumé par groupes, 548 *tableau*.
LORD ET RATHBONE, II, 196.
LOTERIE. Secours qu'elle a fournis aux entreprises de travaux publics aux Etats-Unis, I, 448, 449, 469, 476, 477; II, 363.
LOUISA (chemin de fer de), II, 129, 134, 542. — Description, 416.
LOUISIANE, I, 5, 6, 8 à 11; II, 156, 336 *note*, 347 *note*.
— (Travaux publics de la), II, 336, 338, 339, 348. — Prêt à un chemin de fer, 348.
LOUISVILLE, I, 14; II, 160 *note*.
— L'une des extrémités du chemin de fer de Charleston à l'Ohio, II, 160, 169, 336. — Refuse son concours à l'entreprise du canal de Louisville à Portland; pourquoi, II, 309. — Prix des transports entre Louisville et la Nouvelle-Orléans, avant et depuis l'invention des bateaux à vapeur, II, 188, 189. — *Voir* Lexington.
— (Canal de) à Portland. Tarif, I, 428. Description générale et détails d'exploitation, II, 306 à 315. Dépense, 540.
LOWELL (le docteur), I, 96, 97.
LOWELL (ville), I, 14; II, 382. *Voir* Boston, Nashua.
— Tire ses eaux motrices d'un des biefs du canal Middlesex, I, 294.
LYKEN. *Voir* Duncan's Island.
— (Chemin de fer de la vallée de), I, 494; II, 453, 545. — Description, 524.
LYNCHBURG, ville de Virginie, II, 95, 107, 110.
— (Chemin de fer de) à Knoxville; projet, II, 41, 121, 122.
MAC KEE (le major), II, 166.
MAC NEILL (le major W. G.), I, 306, 308, 309; II, 54, 87, 113, 162 à 168, 384, 388, 557.
MACHINE hydraulique à élever l'eau, I, 490.
MACHINE A VAPEUR: — à élever l'eau alimentaire du canal de l'Union; travail, dépense, I, 472.
— Intervention générale de la machine à vapeur dans la construction du pont de Georgetown; description, dépense, consommation de combustible, II, 74, 75 à 82. — Observation sur l'emploi de la machine à vapeur dans les travaux de perfectionnement du Mississipi, 325; — dans le remorquage des bateaux à l'exclusion du halage, 531. — Les machines à haute pression en usage sur le Mississipi n'ont qu'un piston garni d'étoupes, 75. — Emploi de la machine à vapeur pour démolir le grand radeau qui obstruait la rivière Rouge, II, 337, 338.
MACHINES fixes pour le service de plans inclinés. *Voir* Câbles.
— Description, dépense, etc., I, 400; II, 509, 511. Force, II, 458. Dépense annuelle, 524.
MACKINAW. *Voir* Bloomington.

MACON (Géorgie), II, 178.

— (Chemin de fer de) à Forsyth, et de-là aux environs de Decatur, II, 176. *Voir* Savannah.

MAÇONNERIE. *Voir* Ponts en maçonnerie, Granit, Grès, Pierre de taille, Marbre.

—pour chemins de fer; prix du mètre cube, II, 10, 34, 517. —Prix de la main-d'œuvre, 517.—Cube, II, 34.—Dépense par kilomètre, II, 417.

— des piles et culées du pont de Georgetown; cube et prix du mètre cube, II, 73, 552. — Maçonnerie du pont de Black Rock; dépense par mètre courant, 554; — des ponts de Burr; dépense par mètre cube, 563;—des ponts de Town; dépense par mètre cube, 567; dépense collective, 578, 581.

— des écluses du canal du Long Sault; belle exécution, II, 304.—*Id.* du canal Rideau, 343.—Exécution généralement médiocre en Amérique, 551.

MAÇONNERIE RUSTIQUE (*rustic work*), II, 9, 248 *note*. Description; économie en résultant, 552.—Dépense du mètre cube pour divers ouvrages, 552, 553. — Description du viaduc Thernes, 552 et pl. XVI, fig. 1.

MAD-RIVER, II, 195, 221, 222, 225.

— (Chemin de fer de Sandusky au), II, 227, 538.

MADISON (le président), I, 149.

MADISON (Géorgie) sur la ligne du chemin de fer d'Augusta à Decatur, II, 176.

— (Chemin de fer projeté de) à Forsyth sur la ligne de Savannah à Decatur, II, 480.

MADISON (Indiana) sur l'Ohio.

—(Chemin de fer de) à Lafayette par Indianopolis, II, 238, 239. — Description générale, 247 à 249. — Longueur exécutée et dépense faite en 1842, 539.

MAESTRICHT. *Voir* Bois-le-Duc.

MAHONING, affluent du Beaver, rattache cette rivière au canal de l'État d'Ohio, I, 513, 521. — (Canal), II, 207, 537. — Description générale, 214 à 216.

MAIDEN's ADVENTURE. *Voir* Richmond.

MAIN-D'ŒUVRE. *Voir* Salaires.—A plus bas prix au Canada qu'aux Etats-Unis, d'environ 30 pour cent, I, 174. — Rapport entre le prix de la journée de l'homme et celle du cheval aux Etats-Unis et en France, 216, 404. *Voir* aussi II, 523. — Enchérissement, II, 57, 59, 106. —- Difficultés de se procurer des ouvriers pour le canal de Virginie; quantité de bras employés à diverses époques, 107. — Nombre d'ouvriers employés à l'amélioration du canal Morris, 481.—Détail des prix de main-d'œuvre pour divers travaux du chemin de fer de Pottsville à Sunbury, 517. — Quantité de travail fait par un maçon, par jour, 517. —- Apppareil d'un plan incliné; sommes dépensées pour la main-d'œuvre et nombre des journées de travail, 518 *tableau*. — Dépense par mètre courant des ponts de Town, 570.

MAÏS venu de l'Ouest, bas prix à la Nouvelle-Orléans, II, 158 *note*.

MALFAÇONS, travaux publics, I, 326, 354; II, 87, 88, 280, 281, 442, 562 *note*.

MANCHESTER. *Voir* Liverpool.

—(Chemin de fer de) à Leeds, I, 376.

MANŒUVRE d'eau des canaux. — Lâchures du canal de Vouichni-Volotchok, en Russie, I, 122. — *Voir* Portes.

MARAIS :

— de la vallée du Mississipi, I, 66, 75, 76; II, 336, 442.

— de Pymatuning, en Pensylvanie, I, 514, 515.

— du plateau qui sépare le bassin du Mississipi du bassin du Saint-Laurent, I, 513, 255.

—de Sanganask (Indiana), II, 245, 256.

—Difficultés d'exécution d'un canal dans un terrain marécageux, 360; *id.* d'un chemin de fer, 433, 442, 443. —Surveillance et entretien, 442.

MARBLEHEAD (chemin de fer de) à Lynn, II, 384, 512.

MARBRE.—Gisements, I, 94, 310.—Emploi dans la construction d'écluses, II, 438.—(Usage du) à Philadelphie et à New-York, II, 554.

MARCHANDISES. *Voir* Exploitation, Mouvement commercial, Tarifs, Traction (frais de).

MARÉE : hauteur en Amérique et en France, I, 18, *note*. — Points où elle cesse d'être sensible sur les fleuves américains, 25, 26, 28, 30. — Elle s'oppose à la formation de glaces permanentes, 28. — Limite de son action sur le Saguenay, 50; — sur le Saint-Laurent, 54; — sur le Mississipi, 78.—Marée moyenne en divers points de l'Hudson, 191;—sur le Potomac à Washington, II, 66.—Limite de son action sur le Merrimack, I, 294; —sur la Delaware, 326; — sur le James-River, II, 94.

MARESTIER (M.), ingénieur de la marine française, I, 280 *note*.

MARIETTA, ville située sur la ligne de Philadelphie à Pittsburg, I, 422.

— (Chemin de fer de), I, 445.

MARIETTA, sur l'Ohio, I, 89; II, 186, 219.

MARINE marchande des grands lacs à voiles et à vapeur, I, 214 *note*.

— du port de Cleveland, II, 213.

MARSEILLE. Mouvement de son port, I, 223. — Nécessité de le relier au Rhône par des voies perfectionnées de transport, II, 174.

MARTIN (M.), ingénieur français, I, 76.

MARYLAND (canal de), destiné à rattacher Baltimore au canal de la Chesapeake à l'Ohio; projet, II, 25, 60. — Tracés, encouragements proposés par la législature, etc., II, 62.

MARYLAND (Etat du), I, 5, 6, 8 à 11, 20; II, 42.— Part qu'il a prise à l'exécution des travaux publics, I, 131, 132, 133; II, 65, 359, 360. — Dette de cet Etat en 1840, II, 60.—Loi de 1836 en faveur des travaux publics, 24, 36, 42, 59, 63. — Autorise l'exécution du chemin de fer de Baltimore à l'Ohio, 2.—Souscrit pour cette entreprise, 11.— Autorise l'exécution du canal de la Chesapeake à l'Ohio, 43; secours qu'il prête à cette entreprise; sous quelles conditions, 57 à 60.—Secours divers au chemin de Baltimore à la Susquehannah, 87, 88. — Récapitulation des canaux et des chemins de fer du Maryland, 90. — Concède le canal de la Delaware à la Chesapeake, 358.

MASSACHUSETTS (Etat), I, 5, 6.—Superficie, 6.—Population, 8 à 11.—Topographie, 18, 27.—Concours à l'exécution de diverses entreprises de chemins de fer, II, 373, 379, 381.— Voies de communication établies sur son territoire, 372, 378, 380.

MASSACHUSETTS (canal projeté de la baie de) au détroit de la Longue-Ile, II, 352.

MATÉRIEL des chemins de fer. *Voir* Locomotives, Voitures, Tenders.

—Nombre de machines locomotives par chemin, I, 271, 303, 342, 347, 404; II, 11, 12, 38, 147, 332, 377, 396, 415, 423, 428, 443, 473, 523. — Observation sur le nombre qu'il convient d'adopter, I, 348 *note*.

—Nombre de voitures et wagons, I, 271; II, 11, 38, 596, 415, 423, 428; poids des wagons, II, 504, 523; prix, 397, 501.

MATÉRIEL des chemins de fer (*suite*):
—Provenance des machines, I, 274, 275, 303, 341, 542;
II, 38, 144, 425, 428. — Leur force, I, 344, 342, 351,
384, 505; II, 44, 45, 58, 425, 504, 502, 523. — Leurs
dimensions, II, 396,445.—Leur prix, I, 542; II, 58,597,
504. — Leur poids, I, 354; II, 42, 44, 38, 144, 423,
504.— Leur activité moyenne, II, 504.
—Sur le chemin de Columbia, les voitures et les wagons
sont fournis par des particuliers, et la force motrice par
l'Etat, I, 542. — Droits perçus par l'Etat sur chaque voiture, pour traction, 550; pour péage, 557. — Même système sur le chemin du Portage, 406.
—Dépense d'établissement du matériel par kilomètre de
chemin en divers pays, I, 303. 345,406; II, 446, 443,
447, 427; en bloc, II, 377, 424, 473, 500. — Dépense
d'entretien, II, 24 *tableau*, 33 *tableau*,40, 573, 379,384,
586,444,449,422 *tableau*.—*Id* d'après le nombre de kilomètres parcourus,II,378.—*Id.* de renouvellement,II,24.
—Dépense d'entretien, par machine, I, 347, 354, 445
note; II, 38, 502, 523. — Dépense d'entretien des wagons, par tonne et par kilomètre parcouru, I, 354, 358;
II, 504, 523.—*Id.* par voyageur et par kilomètre, I, 570.
MAUCH CHUNK, sur le Lehigh, II,463 à 467, 472.
—(Prolongement projeté du chemin de fer de Beaver Mea-
dow jusqu'à), 473.—Le chemin de fer du Room Run y
aboutit, 473.
—(Chemin de fer de), 455, 473, 474, 544.
MAUMÉE (la), rivière tributaire du lac Erié, I, 57, 40 ; II ,
493, 224, 224, 227, 252, 253, 244.
—(Chemin de fer de la) au lac Michigan, II, 274.
—(Baie de la); contestations entre les Etats d'Ohio et de
Michigan, au sujet de cette baie, II, 235.
MAYSVILLE sur l'Ohio, I, 90.
—(Embranchement projeté du chemin de fer de Charleston
à l'Ohio, sur), II, 464, 466.
MEHAFFEY (M.), I, 365.
MELISH (M.), I, 96, 97, 98.
MEMPHIS (chemin de fer de) à Lagrange, II, 533.
MEMPHREMAONG (lac) : doit servir d'intermédiaire pour la
jonction du Connecticut au Saint-Laurent et au lac Cham-
plain, 297.
MERCER (M. F.), II, 50, 54.
MERCHANDIZE, objets classés sous cette dénomination,I, 248,
222, 367, 552 *note*. — Valeur, 229. — Mouvement de
la *merchandize*, 230, 254, 236, 239, 461, 479,534,552,
554, 556, 557, 538 *tableau*; II, 20, 40, 210 à 242,222,
286, 287, 363, 460, 470, 471. — Prix du transport, II,
449, 488, 284. — Droits de péage, II, 284, 364.
MERIMEG, affluent du Mississipi,I, 86.
MERRIMACK (fleuve), II, 545. — Longueur, largeur et superficie de son bassin, I, 23. — Cataractes, 24, 293, 294.
— Travaux de canalisation, 293; II, 546. — Jonction
avec Boston par le canal Middlesex, 294. — Canal projeté de jonction avec le Connecticut et le Piscataqua,298.
— *Id.* avec l'Androscoggin et le Kennebec, 298.
MERS INTÉRIEURES : Caspienne , Baltique; changements de
niveau, I, 44.
MESURES DES ETATS-UNIS; explications sur leur conversion
en mesures françaises, *avant-propos* et t. I, 245 *note* 1re;
t. II, p. 244 *note*. — Bases d'évaluation des poids et des
prix des objets transportés dans l'Etat de New-York , I ,
227, 229;II, 346 *note*.—Poids admis par les commissaires
des canaux de Pensylvanie,I, 227.—Poids en kilogrammes
de diverses mesures américaines, II, 347 *note* ; 361 *note*.

MESURES DE SURETÉ adoptées sur les chemins de fer américains, II, 594, 402.
MEXIQUE (chemin de fer du golfe du), II, 340, 454, 544.
—(Projet de canal de l'Atlantique au golfe du), 568.
MIAMI (canal), de l'Ohio au lac Erié, II, 461, 495, 496,
241 *note*. — Description générale ; détails d'exploitation
224 à 227. — Longueur, partie exécutée à la fin de 4842;
dépense, 558.
MICHAUX , botaniste français, I, 70.
MICHIGAN (État de), I, 5, 6, 8 à 44; II, 486, 235 — Travaux publics de cet Etat, II, 272 à 275, 540; abandonnés
en 4843, 540.
MICHIGAN (lac) : communication avec l'Illinois , I, 34 , 57,
45; II, 255. — Superficie , profondeur, volume d'eau, I,
56, 59. — Est très-voisin du Mississipi, par ses affluents,
37. — Hauteur au dessus de l'Atlantique et du lac Ontario, 38. — La navigation avec le lac Erié est restreinte à
des bâtiments d'un faible tirant d'eau, *ibid.* — Liaison
avec le lac Huron, 38, 44. — Importance du plateau situé au Midi pour les communications à ouvrir, 45.—Description de ce lac par M. Bouchette, 53. — Variations de
niveau produites par les vents, II, 256. —Il communique
avec le Mississipi : 1° par le canal Michigan et l'Illinois ;
2° par la Milwakie le canal de la Milwakie au Rock-River et le Rock-River.
—Canal de jonction du lac Michigan au lac Erié, II, 205 ,
238, 259, 244 à 246.—Embranchement sur Chicago,245.
—Chemin de fer projeté du lac Michigan au lac Erié, 250;
—au lac Huron (à fort Gratiot) 276.
—Canal de jonction du lac Michigan au lac Saint-Clair ,
274; — avec le lac Huron, 274.
MICHIGAN (canal) ou du lac Michigan à l'Illinois, II, 255 à
259, 263, 264, 265. — Longueur, dépense faite en 4842,
539.
MICHIGAN (canal du lac) au Rock-River, 266, 267, 539.
MICHIGAN (péninsule du); lignes commencées ou projetées
au travers de cette péninsule, 274 à 276.
MICHIGAN CITY, II, 244, 245.
—(Chemin de fer de) à South Bend par Laporte, 249, 540.
MICHILIMACKINAC, I, 44 ; II, 460, 297.
MIDDLESEX (canal) allant de Boston au Merrimack, I, 428 ;
II, 574. — Epoque de sa confection, I, 434. — Détails
d'exécution et d'exploitation, 294, 295. — Longueur ,
dépense, II, 552.
MIDDLETOWN (ou Portsmouth), point de jonction du canal
latéral à la Susquehannah et du canal de l'Union , I, 324,
326, 327, 390, 594, 593, 449, 422, 445, 448, 475, 509.
—Mouvement commercial en 4858 et 4859, *tableau*, 534.
—(Trajet de Philadelphie à) par les canaux du Schuylkill et de l'Union , et par le chemin de fer de Columbia
et le canal latéral à la Susquehannah, 476.
MIDI (canal du), en France, I, 448; II, 206. — Hauteur du
point de partage, I, 445. — Réservoirs, 479. — Mouvement commercial, 209. — Bateaux rapides, 245. — Chômage, 253. — Pente moyenne ; développement moyen
correspondant à une écluse, 424. — Tarifs, 429, 434 à
453.
MIFFLIN (M.), I, 505.
MILAN (canal de), II, 528, 540.
MILBERT (M.), I, 472.
MILL CREEK, affluent du Schuylkill, I, 333, 334, 422, 450,
454.
—(Chemin de fer du),II, 453, 505, 506, 544.
MILLS (M. F.-C.), I, 482, 483, 484.

Mills (M.), II, 140, 481.

Mills (M. J.-B.), II, 293, 301, 304.

Milwakie, affluent du lac Michigan. *Voir* Rock-River.

Mine Ridge, faîte entre Philadelphie et la Susquehannah, I, 333, 422, 443.

Mines:

— d'anthracite, I, 31, 323, 430, 495, 533; II, 55; — de cuivre, I, 34, 322; — de fer, I, 70, 181, 185, 322, 323, 446, 485, 495, 497; II, 55, 160, 241, 331, 480; — de houille, I, 31, 70, 72, 91, 185, 322, 446, 484, 485, 488, 495, 497, 520; II, 54, 60 96, 160, 220, 241, 331, 447; — d'or, I, 322; — de plomb, I, 34, 67, 84, 85, 86, 322; II, 267; — de sel. *Voir* Sel; — de zinc, I, 322.

— Utilité, pour l'industrie minérale, du canal du Schuylkill, I, 451; — du canal latéral à la branche occidentale de la Susquehannah; hauts fourneaux à la houille, 485. — Voies de communication destinées au transport des produits des mines, I, 495, 497, 533; II, 54, 60, 96, 219, 220, 335, 416, 536 *note*. — Description générale de ces voies, II, 447 à 525. — Récapitulation, 543 à 545, 548. — Prospérité future de ces voies en Pensylvanie, I, 527, 528. — Faveur accordée par l'Etat de New-York au transport du combustible minéral, II, 448 *note*. — Quantité de combustible minéral extraite des mines françaises en 1840, 451. — Quantité consommée en France pendant la même année, 451. — Mouvement général des charbons et des fers sur les canaux et chemins de fer de l'Etat de Pensylvanie, I, 533 *tableau*. — Mouvement des charbons sur le James-River, II, 95, 96; prix de revient, 96; — sur le canal de Richmond à Maiden's Adventure, 101; — sur divers canaux, 210 à 212, 222, 286, 287, 469; — sur divers chemins de fer, 448, 473.

Mississipi (Etat du), I, 5, 6, 8 à 11. — Voies de communication établies sur son territoire. II, 333, 336, 548.

Mississipi (vallée du) : intensité et intermittence de l'hiver, I, 103. — Détails sur les saisons dans les diverses parties de cette vallée, 107. — Navigabilité naturelle de la plupart des cours d'eau, II, 266.

Mississipi (bassin du). Description générale, I, 63 à 93. — Communication naturelle avec le bassin du Saint-Laurent, I, 54; II, 255, 268. — *Id.* avec la baie d'Hudson, I, 54. — Est voisin, par ses affluents, du lac Supérieur et du lac Michigan, 37. — *Idem* du lac Huron, 41. — Plateau qui sépare le bassin du Mississipi de celui des grands lacs, 511, 517. — Conjecture sur un déversement souterrain de ses eaux dans ce dernier bassin, *ib.* — Il a dû servir anciennement à l'écoulement des eaux des lacs Supérieur, Huron, Erié et Michigan, 45. — Faible pente des fleuves et des rivières du bassin du Mississipi; avantage qui en résulte pour la navigation à vapeur, 123. — Plan de M. Gallatin pour relier le bassin du Mississipi avec l'Atlantique, 157.

Mississipi (fleuve). Description générale, I, 66 à 68, 72 à 80. — Gelées, 99, 103. — Pente, 123. — Le canal Erié agrandi doit faire concurrence au Mississipi, I, 468. — Volume des eaux du Mississipi et du Saint-Laurent comparé, I, 40. — Obstacles à la navigation, II, 272, 316. — Absence de cataractes sur 3042 kilomètres, 306. — Travaux d'amélioration, 319 à 325, 546. — Embranchements de la grande artère de la vallée centrale de l'Amérique du Nord, aboutissant au Mississipi, 333 à 340. — Il communique avec le lac Michigan : 1° par l'Illinois et le canal Michigan ; 2° par le Rock-River et le canal du Rock-River à la Milwakie et la Milwakie; — avec le bassin du Saint-Laurent par les voies de communication énumérées, t. II, p. 537 à 539. — Longueur collective de ces voies, 548.

— (Chemin de fer du) au Pearl-River, de Natchez à Canton, par Jackson, II, 336, 340.

— (Projet de chemin de fer du) vers la frontière de Virginie par l'Etat de Tennessee, II, 41, 121.

Missouri (Etat), I, 5, 6, 8 à 11; II, 156.

Missouri (bassin et vallée du): description, I, 71, 72. — Superficie, 82.

Missouri (fleuve).

— (Limite de la navigation sur le), I, 123. — Amélioration, II, 325, 546 *note* (7).

Mobile, I, 14; II, 120, 156, 157, 158, 340, 533.

— (Chemin de fer de) à Vincent's Harbour, II, 454.

— *Voir* Pensacola.

Mohawk, affluent de l'Ohio, I, 30, 276. *Voir* Hudson. — Premiers projets de canalisation, 131, 152.

Moldau (chemin de fer de la) au Danube, en Autriche, I, 119.

Monocacy, affluent du Potomac, II, 3, 9.

Monongahela (la), affluent de l'Ohio, I, 126, 131, 321, 323, 417, 307; II, 28, 44.

— (Amélioration de la navigation de la), I, 445, 521; II, 129, 346.

Monopole des transports sur les chemins de fer. *Voir* Concurrence. — En Pensylvanie, l'Etat ne fournit que la force motrice; on a renoncé au régime du libre parcours, I, 540, 406. — Chemins de fer soumis à ce régime, 360, 361, 367 *note*, 406. — Sur ces chemins même, les compagnies exécutent seules les transports, 374.

Monroe (le président), I, 141.

Monroe (chemin de fer de) en Géorgie, II, 176, 537.

Montagnes du nouveau continent; description, I, 113.

— *Voir* Tracé.

Montet (M.), ingénieur français, II, 483, 484 *note*.

Montgomery, sur la rivière Alabama.

— (Chemin de fer de West-Point à), projet, II, 452, 543.

— (Chemin de fer de) à Pensacola, 452, 543.

— *Voir* Covington, Savannah.

Montréal, ville du Canada. *Voir* New-York, Portland. — A construit le chemin de fer de la Prairie, pour soutenir la concurrence que lui faisait Québec par le canal Chambly, I, 173. — Voies de communication qui lui permettront de lutter avec New-York, II, 278, 288; — avec Québec, 292. — Avantages que cette ville retirera de la canalisation du Saint-Laurent, 297. — Progrès de son commerce avec le haut pays, *ib.* — (Trajet de) à Kingston par le canal Rideau, d'une part, et par le Saint-Laurent, d'autre part, 344.

Moore (sir Henry), gouverneur de la colonie de New-York, I, 131.

Moore (M), ingénieur, II, 113.

Morris (R.), I, 133.

Morris (M. Gouverneur), I, 147, 148, 214, 450.

Morris (canal), II, 452, 544. — Communications avec le canal latéral à la Delaware et avec le canal du Lehigh, 468, 471. — Description générale, 476 à 489.

Mortiers hydrauliques, I, 489; II, 54, 464. *Voir* Chaux.

Mount Carbon sur le canal du Schuylkill, I, 451, 455, 457. *Voir* Philadelphie.

— (Chemin de fer de), II, 453. — Description, 503. —

Liaison avec le chemin de fer de Pottsville à Sunbury, 505.

MOUNT CARMEL (Illinois). *Voir* Alton.

— (Chemin de fer proposé de) à New-Albany sur l'Ohio, II, 264.

MOUNT HOPE. *Voir* Weymouth.

MOUNT PLEASANT, I, 422.

MOUVEMENT COMMERCIAL SUR LES VOIES NAVIGABLES :

— Nombre de bateaux en circulation : — sur le canal Erié : augmentation de 1829 à 1835, I, 207; — sur la Seine et ses affluents autour de Paris, 249 ; — sur les canaux de l'Etat de New-York, 247. — Nombre des expéditions sur les mêmes canaux, *ib.* — Rapport entre le parcours total et le parcours partiel, ou nombre des bateaux arrivés jusqu'à l'Hudson et qui en sont partis, 248. — Nombre d'éclusées par jour, 249. — Nombre de bateaux pesés par an, 249. — Marine des lacs Erié et Ontario, 215 *note*. — Nombre de bateaux en circulation sur la Susquehannah avant l'exécution des grands travaux de canalisation, 323 *note* ; — sur le canal du Schuylkill, 462 ; — sur le canal de l'Union, 480; — sur l'Ohio, en distinguant les bateaux à vapeur des autres bateaux, II, 310. — Marine du port de Cleveland (canal Ohio), II, 213. — Chargement moyen des bateaux sur les canaux de l'Etat de New-York, I, 242, 243; — sur le canal du Schuylkill, I, 456; — sur le canal de l'Union, 475. — Liste des bateaux à vapeur qui ont traversé en 1829 le canal de Louisville à Portland avec l'indication du nombre des traversées, II, 311 à 315. — Nombre de bateaux en circulation sur le canal de la Delaware à la Chesapeake, 362.

— Tonnage : sur le Potomac et ses affluents au commencement du XIXe siècle, I, 132; — sur le canal du Midi, 209; — sur le canal Erié, a dépassé toutes les prévisions, 214; — de la marine du réseau des lacs, 215 *note*; — sur les canaux Erié et Champlain en 1826, en 1834 et en 1835, 217. — Tonnage à la remonte et à la descente de l'Hudson aux canaux, 218, 226, 252. — Tonnage total de l'ensemble des canaux de l'Etat de New-York, dans tous les sens, 219. — Comparaison avec le mouvement de la navigation sur la Seine et sur ses affluents autour de Paris, 219. — Poids des divers objets transportés sur tous les canaux de l'Etat de New-York, 222. — Poids officiels des mesures admises pour les divers objets transportés sur les canaux de l'Etat de New-York et sur les canaux et chemins de fer de l'Etat de Pensylvanie, 227, 228. — Répartition entre les divers canaux de l'Etat de New-York : des bois 232; de la farine et des grains, 233; des provisions du règne animal, 234; des objets appelés *merchandize*, du gros mobilier et des outils agricoles; portion de ces derniers articles qui se rend dans les autres Etats par les divers canaux, 234. — Poids des objets expédiés aux divers Etats par les canaux de l'Etat de New-York, en 1835 en 1836 et en 1837, par Buffalo, Oswégo et Whitehall, 230. — Poids des objets expédiés des divers Etats par les mêmes canaux, 238. — Objets importés par Buffalo, Oswégo et Whitehall, 239. — Tonnage annuel du canal du Schuylkill depuis 1826, 460. — Tonnage annuel du même canal de 1835 à 1838, par nature de produits, à la remonte et à la descente, 461. — Tonnage annuel du canal de l'Union depuis 1828, 479. — *Id.* par nature de produits, de 1836 à 1838, 479. — Marchandises qui se rendent à Philadelphie par la double voie des canaux de l'Union et du Schuylkill, et du chemin de fer de Columbia, 481. — Détail des objets transportés en 1838 et 1839 sur les canaux et les chemins de fer de l'Etat de Pensylvanie, 531. — Mouvement commercial de 1834 à 1839, par groupes de produits, et dans diverses directions, 532, 533. — Détail des arrivages à Philadelphie, à Bristol, à Portsmouth et à Pittsburg, en 1838 et 1839, 534. — Tableau comparatif des objets venus de l'intérieur jusqu'aux ports, par les canaux et les chemins de fer de la Pensylvanie, et par les canaux de l'Etat de New-York, en 1835 et en 1837, de Buffalo, par le canal Erié, et de Pittsburg, par l'artère de Pensylvanie, 537 *tableau*. — Mouvement de la *merchandize* sur les canaux de l'Etat de New-York et sur les lignes de la Pensylvanie, 538 *tableau*. — Canaux de l'Etat de Virginie, II, 101. — Objets expédiés en 1837 et 1838 sur le canal Ohio, 210. — Mouvement à Portsmouth et à Cleveland, aux deux points extrêmes du même canal, 211, 212. — Mouvement du canal Miami à Cincinnati, par nature d'objets, 222. — Objets expédiés par le canal Welland, en 1837 et 1838, 286. — Mouvement des principaux produits sur le même canal, en distinguant la remonte et la descente et la nationalité des ports de départ et d'arrivage, 287. — Tonnage sur le Saint-Laurent à diverses époques, à la remonte et à la descente, II, 297, 298; — des bateaux à vapeur qui ont circulé sur l'Ohio, par le canal de Louisville, de 1831 à 1839; nombre total de tonnes par année, 510; nombre de tonnes par bateau en 1839, 311 à 315. — Mouvement du canal de la Delaware à la Chesapeake par nature d'objets et d'après leur direction, 363. — *Idem* du canal du Dismal Swamp, 366. — Mouvement maritime qui résulte de l'exploitation de l'anthracite en Pensylvanie, 451. — Objets transportés sur le canal de l'Hudson à la Delaware en 1839 et 1840, 460. — Mouvement du charbon sur le même canal, de 1832 à 1840, 461. — Canal du Lehigh : mouvement du charbon de 1835 à 1841, 469 ; mouvement total pendant la même période, en distinguant la direction du mouvement à partir de 1837, 469; détail du mouvement ascendant et descendant en 1840, 470; même détail pour la partie supérieure du canal, 471. — Mouvement du canal Morris, 480. — Principaux objets transportés sur ce canal, 482 *note*. — Rapport entre le parcours total et le parcours partiel (canal du Midi), I, 209; (canaux de l'Etat de New-York), 224, 232, 233, 234.

— Valeur des produits transportés : — sur le canal Erié, I, 169. — *Id.* à la remonte et à la descente, 218 ; — sur les divers canaux de l'Etat de New-York, 222. — Rapport entre le parcours total et le parcours partiel, en francs, 225. — Valeur officielle, de l'unité de mesure et de la tonne, des objets transportés sur les canaux de l'État de New-York, 229. — Valeur des objets transportés sur la Susquehannah avant l'établissement des grandes lignes de navigation, 323 *note*. — Valeur des objets venus de l'intérieur jusqu'aux ports, en 1835 et en 1837, par les canaux et les chemins de fer de la Pensylvanie, et par les canaux de l'Etat de New-York, tableau comparatif, 536.

— Nombre de voyageurs transportés sur les canaux de l'Etat de New-York, I, 230. — Nombre de kilomètres parcourus par les voyageurs des paquebots sur les canaux de l'Etat de New-York, 231.

— présumé sur le canal de la Chesapeake à l'Ohio, II, 54 ; — comparé de Charleston et de Savannah, *tableau*, 180.

— Le canal Welland est destiné à faire dériver vers le Saint-Laurent une partie du commerce de l'Ouest, II,

288. — Importance commerciale de la canalisation du Saint-Laurent, 297.

— *Voir* Importation, Exportation.

MOUVEMENT COMMERCIAL SUR LES CHEMINS DE FER.

— Nombre de voyageurs transportés, I, 271, 346, 371 note, 405; II, 19 *tableau*, 34, 148 *tableau*, 377, 398 *tableau*, 409, 421, 422, 428, 440, 443, 467. — Progrès de la circulation dû à l'établissement des chemins de fer, II, 18, 382. — Rapport entre le parcours total et le parcours partiel, I, 271, 272; II, 414. — Répartition des voyageurs dans les différentes classes, I, 376. — Nombre de kilomètres parcourus annuellement sur les canaux et les chemins de fer de la Pensylvanie par tous les voyageurs réunis, I, 533. — Nombre de wagons et de convois ayant servi annuellement au transport des voyageurs, II, 377, 378.

— Nombre de tonnes transportées annuellement, I, 346; II, 34, 398 *tableau*, 421, 422, 428, 467, 473, 524, 523. — *Id.* en distinguant leur direction, II, 19 *tableau*, 377. — Détail par nature de produits, II, 20, 40, 424. — Houilles, 448. — Nombre annuel de wagons et de convois ayant servi au transport des marchandises, II, 377, 378.

— Nombre de kilomètres parcourus par les locomotives, I, 272; II, 38, 378. — Nombre de voyages par jour, I, 303; II, 377, 523; par an, II, 377. — Petit nombre de départs des bateaux et des wagons sur les canaux et les chemins de fer de la Pensylvanie de 1834 à 1838, 555. — Exiguité du nombre des convois en Amérique, 399, 409, 410, 450; pourquoi, 399.

— Restrictions imposées au transport des marchandises sur les chemins de fer latéraux au canal Erié, I, 268, 274, 277. — Bénéfices résultant du transport des marchandises pour plusieurs chemins de fer des Etats-Unis, 287; II; 421. — Permutation des voyageurs sur la double ligne de Baltimore à Charleston, II, 411.

— *Voir* Concurrence, Coton.

MULATRES. *Voir* Couleur (personnes de).

MUR. *Voir* Fondations. — Hautes murailles qui soutiennent le canal Erié à Little-Falls, I, 155, 157, et pl. II et III, fig. 3. — Muraillements du canal de la Chesapeake à l'Ohio, II, 45, 33, 54; — le long de quelques parties du canal du Raritan à la Delaware, 355. — Murs en blocs de granit formant le viaduc de Canton, 384. — Muraillements du chemin de fer du Potomac à Richmond pour éviter des remblais considérables, 412. — Murs de soutenement en pierre sèche, dépense par mètre cube, 517. — Vaste mur de revêtement au viaduc Thomas sur le Patapsco, 552.

MUSCLE SHOALS (canal des), II, 353, 548, 540.

MUSKINGUM, affluent de l'Ohio, , 89; II, 196, 197.

— (Coupure du), embranchement du canal Ohio, II, 197.

— (Canalisation du), 219; longueur, dépense, 546.

N

NANTES (canal de) à Brest, I, 118. — Données principales, 421.

NARRAGANSETT (canal maritime de Weymouth, près de Boston, à la baie de), II, 352.

NASHUA. *Voir* Concord.

— (Chemin de fer de) à Lowell, I, 315; II, 542. — Emprunt du chemin de Lowell à Boston; produits, , 377. — Description générale; exploitation, 578 à 580.

— (Pont de) 567.

NASHVILLE. *Voir* Nouvelle-Orléans.

NATCHEZ. — Population, II, 336.

— (Chemin de fer de) à Canton par Jackson, 536.

— (Chemin de fer de) à la Nouvelle-Orléans, I, 118.

NAVIGATION. *Voir* Cabotage; Droits; Gelée; Marine; Transport (frais de); — naturelle ou artificielle, peu favorisée au midi de l'Hudson par suite de l'absence de neiges éternelles et de lacs, I, 24. — Limite de la navigation sur les fleuves à cataractes, du versant de l'Atlantique, 25, 26, 34. — Obstacles sur les rivières du versant de l'Atlantique, au dessus de la ligne des cataractes, 27. — Distinction, sous le rapport de la navigation maritime et fluviale, entre les trois zones ou croissants formés par le cap Cod et le cap Hatteras, 28, 29, 30. — Facilités qu'offre la liaison des lacs et des cours d'eau, au nord des Etats-Unis, 34, 37. — Obstacles entre les grands lacs, 38. — (Importance de la) sur les lacs Erié et Huron, 40. — Un certain nombre des affluents du haut Mississipi sont d'une navigation aisée, pendant une partie de l'année, 67. — Navigation sur les fleuves de la région de l'Atlantique, à l'époque de la fonte des neiges, 100. — De la navigation naturelle dans le bassin du Mississipi, 125, 126. — Canaux d'écorce employés au commerce des fourrures, au Canada, 139. — Navigation sur l'Hudson, 189. — Mode de navigation sur les canaux de l'Etat de New-York, 242; — de l'Etat de Pensylvanie, 423. — Difficultés extrêmes de la navigation de la Susquehannah, de Columbia à la mer, 499. — Limite de la navigation maritime sur le James-River, II, 94, 110. — Lenteur de la navigation sur le Mississipi et sur l'Ohio, avant l'invention du bateau à vapeur, 187. — Descente de bateaux plats de l'Ohio à la Nouvelle-Orléans, 189 *note.* — Navigation naturelle sur les affluents de la Wabash, tributaire de l'Ohio, le Mississineway, 236; — sur les cours d'eau de la vallée du Mississipi, 266. — Obstacles qu'elle rencontre sur le Saint-Laurent, 291, 292. — Limite de la navigation maritime sur ce fleuve, 292. — Avantages qui résulteront de la canalisation du Saint-Laurent, 297. — Dangers résultant des arbres échoués, 324; avantages qui sont résultés de leur extirpation, 324, 558. — Limite de la navigation sur la rivière Rouge, 337. — Facilités naturelles, au Nord, de baie à baie, et au Midi, par les passes, 351. — Ligne de navigation pour le cabotage, du Nord au Midi, le long du littoral de de l'Atlantique, 351 à 369.

NAVIGATION A VAPEUR. *Voir* Vitesse. — Date de son origine, II, 188. — Importance sur le lac Erié, I, 40; — dans le bassin du Mississipi, 126. — Projet de canal pour les bateaux à vapeur du lac Ontario à l'Hudson, 175. — Impôt sur les voyageurs allant en bateau à vapeur (Etat de New-York); affectation et produits; suppression, I, 197, 199. — Nombre de bateaux à vapeur naviguant sur le lac Erié, 215. — *Id.* sur la Méditerranée, 215. — Remorqueurs à vapeur sur l'Hudson, 244; — sur la Savannah, II, 447. — Navigation à vapeur sur le canal de dérivation du Connecticut, I, 296. — Nombre et jaugeage des bateaux à vapeur de l'Union à diverses époques et en distinguant les bateaux de l'Ouest de ceux des autres Etats, II, 188. — Nombre des bateaux à vapeur de l'Ouest, II, 188, 310 *note.* — *Id.* du port de Cleveland, 213. — Comment sont construits et habités les bateaux à vapeur de l'Ouest, 190 *note.* — Projet de rendre le Roanoke et deux de ses branches navigables pour les bateaux à vapeur, II, 126. — Influence de la navigation

à vapeur sur le commerce du coton, 158 ; — sur la prospérité de l'Ouest, 189, 190 ; — de la vallée du Mississipi, 293. — Limite de la navigation à vapeur sur divers fleuves américains, I, 178, 185 ; II, 161, 167, 317, 346 *note* (8).—Canalisation du Muskingum, projetée pour les bateaux à vapeur seuls, II, 219. — Les bateaux à vapeur des lacs ne peuvent entrer dans le canal Welland ; nécessité de mettre fin à cet état de choses, 284. — Navigation à vapeur sur le Tay, 344 ; — sur le Saint-Laurent canalisé, II, 294 ; — sur l'Ohio, *tableaux*, 310, 311 à 315 ; — sur les cours d'eau du Kentucky, 351. — (Limite de la) sur le Cumberland, 353 ; — sur le Tennessee, 353. — Tableau des dépenses faites sur divers fleuves ou rivières, afin de les rendre praticables pour les bateaux à vapeur, 546.

NEENAH. *Voir* Fox-River.

NEIGES perpétuelles; leur absence dans les Alleghanys, désavantageuse pour la navigation, I, 21.— Obstacle que la neige peut opposer à l'exploitation des chemins de fer, 287. *Voir* Rails. — Appareils pour écarter la neige sur les chemins de fer, II, 596.

NEUSE (rivière) : ouverture de communication avec la rivière de Beaufort, I, 134.

NEW-ALBANY (Indiana), II, 238, 239. *Voir* Jeffersonville, Mount-Carmel.

NEW-BEDFORD. *Voir* Taunton.

NEW-BRUNSWICK, ville de l'Etat du New-Jersey, II, 353, 354, 368.
— (Chemin de fer de) à l'Hudson. *Voir* Jersey-City.
— (Chemin de fer de) à Bordentown, par Trenton, II, 393. — Conditions imposées à la compagnie, 400, 401. — Description générale, 404. — Longueur, dépense, 542.
— (Route à barrières de) à Trenton, II, 400.

NEW-CASTLE, en Amérique, I, 513.
— (Chemin de fer de) à Frenchtown, II, 542. — Tarif, I, 363, 366. — Description, II, 407.

NEW-CASTLE en Angleterre.
— (Chemin de fer de) à Carlisle, I, 379.

NEW-HAMPSHIRE (Etat), I, 5, 6, 8 à 11. — Topographie, 18, 20, 21, 27, 34. — Voies de communication, II, 372, 570, 580.

NEW-HAVEN, I, 14. *Voir* Springfield.
— (Canal entre) et Northampton, I, 513 ; II, 532.
— (Chemin de fer entre) et Hartford, I, 312, 360.

NEW-HOPE (pont de), II, 555 et pl. XVI, fig. 6.

NEW-JERSEY (Etat), I, 5, 6, 8 à 11. — Autorise le chemin de fer d'Amboy à Camden, II, 393. — Conditions onéreuses imposées à la compagnie, ainsi qu'à l'entreprise du canal du Raritan à la Delaware, 399, 400.—Concours à l'entreprise du canal Morris, 479, 480.
— (Chemin de fer du), II, 405.

NEW-RIVER, affluent de l'Ohio; appelé plus bas Kanawha, I, 20; II, 112, 124, 125.

NEW-RIVER, affluent de l'Atlantique, I, 22.

NEW-TYLE. *Voir* Dundee.

NEW-YORK (Etat de). *Voir* Mines. — Epoque de son incorporation dans l'Union, I, 5. — Superficie, 6. — Population d'après cinq recensements, 8 à 11. — Topographie, 17, 20, 34, 42. — Premières compagnies de travaux publics, I, 122; II, 289. — Coup d'œil historique sur les travaux exécutés, I, 147 à 152. — Détails d'exécution etc., 153 à 196. — Frais de construction et d'exploitation des canaux, 197 à 212. —Leur mouvement commercial, 213 à 231. — Du mouvement comparé des divers canaux de l'Etat de New-York, 232 à 235. — Du commerce des autres Etats qui s'opère par les canaux, 236 à 241. — Modes et frais de transport pour les hommes et pour les marchandises sur les canaux, 242 à 249, 426. — Durée de la navigation, péages, 250 à 259. — Influence des canaux sur la richesse du pays, 260 à 265.— Chemins de fer, 266 à 290. — Récapitulation des chemins de fer et des canaux achevés ou en construction, 316 à 518. — Jonction des canaux de cet Etat avec ceux de l'Etat de Pensylvanie, 488, 490, 495. — Parallèle entre les réseaux des deux Etats sous le rapport des résultats financiers, 528. — Ponts sur les canaux; leur faible hauteur, II, 53. — Importations et exportations, 151. — Crédit, 265. — Concours à l'entreprise du canal de l'Hudson à la Delaware, II, 452.— Dette des travaux publics, en 1842, 532 *note*.

NEW-YORK (ville de), II, 151, 154, 155. — Population à diverses époques, I, 13, 14 ; II, 598. — Position géographique, I, 27; II, 440 *note*. — Marées, 18. — Influence du canal Erié sur sa prospérité, 243. — Mouvement du port, 220; II, 157, 158.—Trajet de New-York au lac Erié, I, 243; II, 279 *note*.— Progression de la richesse publique pendant les dix années qui ont précédé et les dix années qui ont suivi l'achèvement du canal Erié, 264. — Concurrence faite à New-York au moyen des chemins de fer par les autres métropoles du littoral, 288 ; II, 440. — Pente totale et longueur des lignes de navigation qui se dirigent sur l'Ouest ; comparaison avec la ligne navigable de Philadelphie à l'Ohio, 510; II, 217. — Québec et Montréal pourront disputer à New-York une partie de sa clientèle, II, 278, 283.—Itinéraires, I, 243, 174, 185, 312, 492, 497; II, 279 *note*, 368, 455. — Importance commerciale, II, 372. — Traversée des rues par le chemin de fer de Harlem, 440. — Conditions imposées dans l'intérêt de la sûreté publique, 441. — Distribution d'eau; travaux; dépenses, 529, 550. — Voies de communication qui y amènent les charbons de la Pensylvanie, II, 455, 468, 478. — Communications de New-York à Philadelphie par les canaux, 468. — Usage du marbre, 854.
—(Chemin de fer de): — à Albany, projet, I, 280; II, 440; — au lac Erié, par le midi de l'Etat de New-York, I, 148, 280 à 290, 307; II, 162 *note*, 440, 532 *note*, 562. Partie exécutée en 1842, 533; — à Harlem, I, 374; II, 543. Description, II, 440 ; — à Boston ; double direction, II, 385, 590;—à Philadelphie, double direction : 1° d'Amboy à Camden; 2° de Jersey-City à New-Brunswick et Trenton, I, 374; II, 392. *Voir* Amboy, Jersey-City. Distance comparée par les deux directions, II, 406; — à Patterson, 441;—(Double ligne de) à l'Ouest, 552 *note*.
— *Voir* Jersey-City, Nouvelle-Orléans, Philadelphie.

NIAGARA (rivière).—Description, I, 58, 55. — Chûte, 26, 56, 58, 59. —Cause probable de la formation de cette chûte, 42. — Navigabilité, II, 280. — Itinéraire, I, 60.
—Canal autour de la cataracte, I, 138; II, 289. *Voir* canal Welland.
— Chemins de fer de la cataracte du Niagara à Buffalo et à Lockport, I, 274.
—(Ville), II, 282.

NIVEAU : — élevé du plan d'eau de certaines parties du canal Erié, I, 153, 157; —du canal de la Chesapeake à l'Ohio, II, 43, 53, 54, 62; — du canal latéral au James-River, 106 ; — du canal de la branche occidentale de la Susquehannah, I, 485. — Niveau de divers canaux, II,

244, 282. — Niveau trop élevé du plafond du canal de Louisville à Portland, II, 308.

NIVERNAIS (canal du), en France, I, 424.

NORD (chemin de fer du), du Michigan, II, 273, 275, 540.

NORFOLK, II, 564, 565, 568, 426, 427. *Voir* Portsmouth.
— (Formes de), 551.

NORRIS (M.) de Philadelphie, I, 271, 381, 386, 388; II, 428.

NORRISTOWN, sur le Schuylkill, I, 448, 449, 456. *Voir* Philadelphie.
— (Chemin de fer projeté de Downington à), tarif, I, 561, 562. — Destination de ce projet, 442.

NORTHAMPTON. *Voir* New-Haven.

NORTHAMPTON (chemin de fer de) et de Luzerne, II, 455, 473, 544.

NORTHUMBERLAND (Amérique), au confluent de la branche Occidentale et de la branche Nord-Est de la Susquehannah, I, 324, 326, 590, 594, 483, 487; II, 506.
— (Pont de) II, 562.
— *Voir* Duncan's Island.

NORWICH. *Voir* Worcester.

NOTHOMB (M.), ministre du royaume de Belgique, I, 345, 358.

NOTTOWAY (pont sur le), II, 568 et pl. XVIII, fig. 1 à 6.

NOUVEAU-BRUNSWICK : topographie, I, 17, 21, 34. — Longueur, largeur et superficie du versant oriental jusqu'à la baie des Chaleurs, 23.

NOUVELLE-ANGLETERRE. Etats qui la composent, I, 7. — Travaux publics exécutés ou projetés, 291 à 345. — Importations, II, 451.

NOUVELLE-ECOSSE (péninsule de la), longueur, largeur et superficie du bassin qu'elle forme, I, 23.

NOUVELLE-ORLÉANS, I, 15; II, 420, 451, 455 à 458, 160, 553. — Importance commerciale, II, 347, 572. — Commerce du coton, 157, 158. — Exportations de toute nature, rapport avec l'exportation totale de l'Union, 347 *tableau*. — Bateaux plats qui y descendent de l'Ohio, 189. — Prix des transports avec les Etats du Nord-Ouest par la voie fluviale, 188, 189, 190. — Souscription au chemin de fer du golfe du Mexique, 340. — Avance au chemin de fer de la Nouvelle-Orléans à Nashville, 348. — Humidité du sol aux environs, 445.
— (Ligne de navigation projetée de l'Albemarle Sound à la), II, 567 à 369.
— (Chemin de fer de la) : — au lac Pontchartrain, II, 340, 543. Tarif, I, 564, 574. Description, II, 442; — à Carrolton, II, 340, 543. Tarif, I, 564. Description, II, 445; — à Nashville, II, 42, 121, 544. Description générale, 347, 348; — à New-York, par Baltimore; tracé proposé, II, 121; — au lac Borgne, II, 340, 434.
— (Chemins de fer entre la) et Dover dans la Nouvelle-Angleterre, II, 455.
— *Voir* Charleston, Covington, Louisville, Natchez, Pittsburg, Pontchartrain, Savannah, Winchester.

O

OGDENSBURG, sur le Saint-Laurent, I, 60.
— (Chemin de fer d') au lac Champlain, projet, 276.

OEMLER (M.), I, 111.

OGECHEE (le grand), fleuve qui se jette dans l'Atlantique, I, 22, 29. *Voir* Savannah.

OHIO (bassin et vallée de l'), I, 33, 57, 82. — Description générale, 68 à 70. — Jonction avec le bassin de la Susquehannah, tracés divers, 325.

OHIO (canal), joignant le lac Erié à l'Ohio, I, 520; II, 50, 161. — Description générale; détails de construction et d'exploitation, II, 193 à 213. — Embranchements, 214 à 220. — Tarif, I, 426, 427. — Jonction avec le Beaver, par le Mahoning, 543. — Longueur, dépense, II, 537.

OHIO (Etat d'), I, 6, 8 à 14, 33; II, 186, 187, 233, 241, 252 *note*, 265, 340. — Description des travaux publics de cet Etat, II, 193 à 228, 252 à 256, 328. — Dépenses de l'Etat d'Ohio pour les travaux publics, 229. — Récapitulation des canaux et chemins de fer de l'Etat, 230. — Sagacité déployée dans la canalisation de l'Etat, 202. — Convention avec l'Etat d'Indiana relativement au tarif des péages sur les canaux, 236. — Travaux effectués de compte à demi avec cet Etat dans la Wabash, 236. — Conventions entre ces deux Etats relativement à l'embranchement de Cincinnati sur le canal du White-Water, 243. — Quotité de la souscription de l'Etat d'Ohio à cet embranchement, 539. — Mines, 444.

OHIO (rivière), affluent du Mississipi. Description, I, 68 à 70. — Communications avec le lac Erié, 40. — Crues considérables, 47, 77; II, 272, 506. — Itinéraire, I, 88. — Gelées, 99, 104. — Pente, 123; II, 306. — Hauteur au-dessus de la mer, à Pittsburg, 417. — Canaux de l'Ohio au lac Erié, 511 à 520; II, 271. — Canal pour franchir la cataracte de Louisville, II, 306 à 510. — L'Ohio est réputé voie maritime, 309. — Travaux d'amélioration, 516 à 520, 525 à 525; caractère de ces travaux 546. — Embranchement de la grande artère de la vallée centrale de l'Amérique du Nord aboutissant au Mississipi, II, 327 à 334. — Récapitulation des rivières canalisées et des canaux qui débouchent dans l'Ohio par la rive droite, II, 328. — Récapitulation analogue pour la rive gauche, 329. — L'Ohio communique : — avec le lac Érié, 1° par le canal Ohio; 2° par l'Alleghany et la ligne navigable du French-Creek et un canal reliant le lac Conneaut à Erié; 3° par les lignes du Beaver et du Shenango et le canal précité de Conneaut à Erié : 4° par le canal Miami ; 5° par le chemin de fer de Cincinnati à Sandusky; 6° par la Wabash et le canal de Wabash au lac Erié ; 7° par le canal central d'Indiana, le Cross Cut canal et le canal de la Wabash ; 8° par le chemin de fer de Madison à Lafayette et le canal de la Wabash ; — avec le canal Erié, par l'Alleghany et le canal Genesee ; — avec la baie de Chesapeake, 1° par le chemin de fer de Baltimore à l'Ohio; 2° par la route de Parkersburg à Winchester, par le chemin de fer de Winchester à Harper's Ferry et par le Potomac; 3° par la route de Wheeling à Baltimore ; 4° par le canal de la Chesapeake à l'Ohio (non terminé); 5° par le canal de Pittsburg à Johnstown , le chemin de fer du Portage , les canaux d'Hollidaysburg à Columbia et enfin (a) par le canal de Columbia au Hâvre de Grâce; (b) par le chemin de fer de Columbia à Baltimore. — Diverses études de tracés destinés à joindre l'Ohio à la Susquehannah, I, 525. — Communication par le chemin de fer de Pittsburg à la Susquehannah. — Communication avec l'Océan Atlantique par le chemin de fer de Cincinnati à Charleston ; — avec le James River, par le Kanawha et une route macadamisée de Covington au Loop-Hole.
— *Voir* Lexington.

OLBAN (ville). *Voir* Rochester.

ONÉIDA (canal), II, 555.

ONONDAGA. *Voir* Syracuse.

Ontario (lac) séparé du bassin de l'Hudson par de faibles élévations, I, 30, et par de faibles distances, 37. — Lacs affluents, 34, 37. — Superficie, profondeur, volume d'eau, 36. — Sa hauteur au-dessus de l'Atlantique, 38. — Différence de niveau avec les autres grands lacs, 38, 44. — Liaison du lac Ontario au lac Huron, 41, 48. — Influence qu'ont dû produire les révolutions terrestres sur son niveau, I, 42 à 44; — sur le régime des cours d'eau qui l'alimentent, 48. — Description du lac Ontario empruntée à M. Bouchette, 53. — Itinéraire, 60. — Tonnage de la marine, 245 *note*.

— Canal proposé entre le lac Ontario et le lac Huron, II, 276.

—Chemins de fer entre les mêmes lacs, *ibid.*

—Utilité politique et commerciale d'un grand canal de jonction entre les lacs Erié et Ontario sur le sol des Etats-Unis, II, 285. — Projets du dit canal, 289, 290.

—Liaison du Saint-Laurent au lac Ontario par le canal Rideau établi sur le sol canadien, 341. — Communique: avec l'Hudson et le lac Erié, par le canal Oswégo et le canal Érié; — avec le canal Erié, par le chemin de fer de Rochester à Carthage; — avec le lac Erié, par le canal Welland.

Opelousas. *Voir* Pointe Coupée.

Opéquon (pont sur l'), II, 568, 569 et pl. XVIII, fig. 7 à 12.

Orégon (région d'), ou de Columbia, I, 2, 15.

Orléans (canal d'), en France. — Données principales, I, 424. —Tarif, 429, 430.

Orléans (canal de la banque d'), II, 339, 544.

Oswégo (canal). —Date de l'exécution, I, 450. — Point de jonction avec le canal Erié, 462. —Description, 175. — Itinéraire, 186. — Frais d'entretien et d'exploitation, mouvement commercial, etc. *Voir* New-York (Etat de). —Longueur, dépense, II, 552.

Oswégo (ville). *Voir* Buffalo. —Projet de canal pour les bateaux à vapeur d'Oswégo à l'Hudson, I, 175. — Mouvement du port, 236, 239, 558; II, 287. — Projet de chemin de fer s'embranchant sur la ligne parallèle au canal Érié, I, 275.

Ottawa (l'), affluent du Saint-Laurent, I, 48, II, 297. — Travaux d'amélioration, II, 327, 328. — Liaison avec le lac Ontario par le canal Rideau, 541, 542.

Ouest. *Voir* États de l'Ouest.

Ourcq (canal de l'), en France, I, 219, 249.

Ouse. *Voir* Grand-River.

Ouvriers. *Voir* Main-d'œuvre, Salaires.

Owego, ville de l'Etat de New-York. *Voir* Ithaca.

Oxford (chemin de fer d') et de Cecil en Pensylvanie, ou de Parkersburg à Port Deposit. *Voir* Port Deposit.

P

Paisley, en Angleterre, (chemin de fer de) à Renfrew, I, 378.

Pambour (M. Guyonneau de), ingénieur français, I, 346, 347, 354, 385, 413; II, 16.

Pamlico (rivière), II, 22, 29.

—(Baie), I, 22. — Jonction projetée avec le Core Sound, II, 567.

Paoli, en Pensylvanie, I, 422. *Voir* Westchester.

Papier-monnaie, émis par des compagnies de travaux pu-blics, II, 64; — par l'Etat d'Indiana, 233; —d'Illinois, 264.

Parapet (grille en fonte formant le) d'un pont en maçonnerie, II, 552.

Paris. *Voir* Versailles, Rouen. — Mouvement de la population, I, 14. — Moyenne des arrivages par la Seine, pendant quinze ans, 219.

Parkersburg, sur l'Ohio, II, 89.

— (Route de Winchester à), II, 41. — Autre route entre les mêmes points passant par Staunton, II, 44.

Parkesburg, sur la ligne de Philadelphie à Pittsburg, I, 341, 422. *Voir* Port Deposit.

Paroisse; nom sous lequel on désigne les divisions administratives dans la Louisiane, II, 336 *note*.

Parr's Spring Ridge, II, 3, 4, 11.

Patapsco, affluent de la baie de Chesapeake, I, 22, 24; II, 3, 9. —(Vallée du), productions, II, 18.

Patterson. *Voir* Jersey-City.

Peacock (pont des écluses de), II, 493, 497, 566; description détaillée, 576 à 579 et Pl. XIX, fig. 7 à 11.

Péages ou droits de navigation. *Voir* Droits de navigation, Pont, Produits, Tarifs.

Pearl-River, II, 335. *Voir* Mississipi.

Peder (rivière), I, 20, 22, 24. *Voir* Santee.

Peinture de ponts; dépense, II, 578, 581. — Peinture contre l'incendie, 404.

Pekin. *Voir* Bloomington.

Pensacola (Floride) sur le golfe du Mexique, II, 340.

—Chemin de fer destiné à relier cette ville au port de Brunswick sur l'Océan Atlantique, II, 181.

— (Chemin de fer de) à Mobile, II, 434.

—*Voir* Montgomery.

Pensylvania and Ohio Cross Cut canal ou canal Mahoning. *Voir* ce mot.

Pensylvanie (canal de), de Columbia à Hollidaysburg et de Johnstown à Pittsburg, I, 118. — Ouvrages en maçonnerie : exécution médiocre, II, 551. — *Voir* Columbia, Pittsburg.

Pensylvanie (Etat de), I, 5, 6, 8 à 11, 17, 19, 20; II, 186, 285. — Ses premiers essais de canalisation, I, 133. — Aperçu historique sur ses travaux publics, 349 à 351. — Description de ses travaux publics, 352 à 425, 442 à 520. — Droits de péage sur les canaux, 424 à 441. — Dépenses et produits du réseau des travaux publics appartenant à l'Etat, 522 à 529; II, 533 *note*. — Mouvement commercial des canaux et des chemins de fer, I, 530 à 538. — Récapitulation des canaux et des chemins de fer de la Pensylvanie, 539 à 542. — Jonction des canaux de cet Etat avec le réseau de canalisation de l'Etat de New-York, 488, 490. —Parallèle entre les réseaux de ces deux Etats, sous le rapport des résultats financiers, 528. —Jonction de l'artère Pensylvanienne avec le canal Ohio, II, 214. — Le gouverneur y jouit du veto sur les décisions de la législature, I, 455. — Principaux objets d'échange avec l'Etat de New-York, 495. — Autorise le passage du chemin de fer de Baltimore à l'Ohio sur son territoire, à quelle condition, II, 29, 31. — Autorise le tracé du canal de la Chesapeake à l'Ohio sur son territoire, 43. — Ponts sur les canaux; leur faible hauteur, 53. — Refuse, puis autorise l'exécution du chemin de Baltimore à la Susquehannah sur son territoire, 86, 87. — Importations, 151. — Autorise le canal de la Delaware à la Chesapeake, 358; souscrit pour cette entreprise, 359, 560. — Mines de la Pensylvanie, 447. *Voir* Anthracite. —Refuse de laisser mettre le canal du Lehigh en communication

directe avec le canal de la Delaware au Raritan; pourquoi, 468. — Situation financière en 1842, 553 *note*.

PENTES DE CANAUX, I, 115, 122, 166, 171, 173, 174, 176 à 180, 183, 294, 297, 298, 313, 391, 394, 417, 446, 475, 476, 482, 485, 491, 501, 509, 512, 513, 516, 518 à 520; II, 47, 63, 97, 98, 104, 117, 196, 197, 199, 215, 216, 221, 225 *tableau*, 240, 241, 243 à 245, 257, 267, 275, 293, 295 *tableau*, 333, 342, 354, 369, 455, 464, 476, 479 *tableau*, 484, 490. *Voir* Vitesse.

— Pente moyenne par kilomètre, I, 421 *tableau*, 486, 491, 493, 509; II, 197, 233, 240, 241, 242, 257, 465, 466.

— Pente donnée au plafond des canaux, I, 154, 156, 294, 420, 512, 518; II, 53, 105, 242, 257, 258, 281 *note*.

— Pente comparée des canaux se dirigeant de l'État de New-York et de Philadelphie, vers l'Ouest, I, 510, 519, 520. — Faibles pentes du canal de la Wabash; comparaison avec le canal Érié, II, 253. — Forte pente du canal du Lehigh, 465, 466.

PENTES DE CHEMINS DE FER. — Longueur, I, 269 *tableau*, 284 *tableau*, 399 *tableau*; II, 165 *tableau*, 175 *tableau*, 248 *tableau*, 378, 457 *tableau*. — Pentes-limites pour les voyageurs; *idem* pour les marchandises, I, 353 *note*, 415. — Perte d'effet utile résultant des fortes pentes, I, 412. — Ce désavantage est plus grand et tient à des causes plus invincibles que celui des courbes à petit rayon, 415. — Ne sont pas limitées par les actes de concession, II, 102. — Pente gravie avec une locomotive de renfort, 420, 494. — Fortes pentes des chemins du Room Run et de Mauch Chunk, 474. — Bonne distribution des pentes du chemin de fer de Mount-Carbon à Philadelphie, 494; détail des dites pentes, 495 *tableau*. — Pentes comparées de chemins de fer tracés en pays de montagnes, II, 165 *tableau*. — Chemins de fer ayant des pentes maxima inférieures à $0^m \cdot 004$, I, 276, 312, 333, 371 *note*, 442, 443; II, 33, 374, 378, 390, 442, 522.

— Pentes maxima de $0^m.004$ à $0^m.006$, I, 174, 267, 268, 277, 284, 301, 312, 313, 332, 339, 398; II, 175, 177, 274, 332, 334, 375, 387, 389, 403, 407, 408, 412, 417, 429, 440, 494, 516, 522.

— Pentes maxima de $0^m.006$ à $0^m.008$, I, 273 à 275, 308, 333, 338, 398; II, 30, 37, 144, 176, 178, 275, 384, 390, 433, 555 *note*.

— Pentes maxima de $0^m.008$ à $0^m.010$, I, 282, 283, 306 à 309, 334, 339, 496, 505; II, 393, 415, 420, 494.

— Pentes maxima de $0^m.010$ à $0^m.012$, I, 273, 283, 308, 309, 339, 371 *note*, 398, 496, 505; II, 3, 4, 87, 162, 165, 467, 531 *note*.

— Pentes maxima de $0^m.012$ et au-dessus, I, 283, 284, 308; 309; II, 28, 29, 87, 122, 165, 475, 503.

PENTES DE RIVIÈRES. *Voir* Rapides. — Hudson, I, 25. — Niagara, 38, 39. — Saint-Laurent, 46. — Trent, 48. — Missouri, 71. — Dnièpre, 121. — Tableau présentant la pente moyenne de divers fleuves, de différents pays du monde, — Black-River, 184. — Alleghany, 184. — Merrimack, 294. — Chemung; Susquehannah, 489 — Monongahela, 521. — Kanawha, II, 98. — James-River, 98. — Roanoke amélioré, 126. — Will's-Creek, 218. — Muskingum, 219. — Hocking, 220. — Chicago, 258. — Saint-Laurent, 291, 292. — Ohio, 306, 318. — Licking, 329 — Kentucky, 330. — Green-River et ses affluents; pentes extrêmement douces, 330. — Lehigh, 464. — Faible pente des rivières du versant de l'Atlantique entre la ligne des cataractes et la mer, 26. — Leur forte pente au delà de cette ligne, 27. — Pente brusque de la plupart des rivières qui se déchargent dans les lacs Érié et Ontario, 47. — Pente modérée des affluents du haut Mississipi, 67. — Pente plus forte des affluents de l'Est de l'Ohio, 69. — Faibles pentes des fleuves et des rivières du bassin du Mississipi, I, 123; II, 236, 318. — Pente plus forte à l'amont qu'à l'aval de presque tous les cours d'eau de la partie occidentale du plateau situé entre le bassin du Saint-Laurent et celui du Mississipi, II, 269. — Observation sur la répartition de la pente des affluents de l'Ohio, 530.

PENTES des prairies de la vallée du Mississipi, I, 65.

PERCEMENTS souterrains. — Détail des dépenses, II, 517.

PERDONNET (M.), ingénieur français, I, 353, 354, 371.

PERRÉS, I, 475, 484, 486, 490; II, 83, 335. — Dépenses, I, 493. — Perrés en bois, II, 197, 198.

PERRONET, ingénieur français, I, 115; II, 67.

PERSONNEL des travaux publics. *Voir* Bureau, Commissaires, Ingénieurs, Salaires, Traversée de routes. — Surintendants des réparations, I, 200, 210. — Nombre et résidence des employés des canaux de l'État de New-York, 211. — Salaire des receveurs et des éclusiers (Pensylvanie), 528.

PERTES D'EAU DES CANAUX. — Passage des bateaux, II, 203. — Infiltration, I, 452, 470. — Infiltration et évaporation, II, 203, 204, 205, 226, 490. — Perte comparée résultant de ces deux dernières causes, 204. — Excédant de l'évaporation sur la pluie *et vice versa*, 205.

PERTH (Canada), II, 544.

PERTUIS, I, 392, 420; II, 64, 125, 138, 464.

PETER'S ISLAND. *Voir* Schuylkill.

PETERSBURG, sur l'Appomattox (Virginie), I, 27, 422; II, 117, 451.

— (Amélioration du port de), II, 118.

— (Canal de), II, 117, 454, 540 *note* (3).

— (Chemin de fer de) au Roanoke, par Belfield, II, 125, 128, 129, 134, 425, 426, 542. — Description générale, 419 à 424. — Tarif, I, 363, 365, 366, 373, 374; II, 430. — Rivalité avec le chemin de Portsmouth, II, 429, 430. — Défaut de jonction avec le chemin de Wilmington, 430. — Nombre de convois, 430, 431. — Pont sur le Nottoway, 568 et pl. XVIII, fig. 1 à 6.

— (Chemin de fer de) à City-Point, sur le James-River, II, 129, 134. — Description, 424.

PETIET, ingénieur français, I, 552.

PETIT SCHUYLKILL, rivière de Pensylvanie. — (Chemin de fer du), de Tamaqua à Port Clinton, I, 464, 498; II, 453, 544. — Jonction projetée avec la Susquehannah par le chemin de fer de la Catawissa, II, 474, 475. — Description générale, 522 à 524.

PHELPS (M. A.-S.), II, 340.

PHILADELPHIE, II, 151, 154, 368. *Voir* Amboy, Baltimore, Lancaster, Middletown, New-York, Sinnemahoning. — (Plan de), pl. VI, fig. 1. — Traversée de ses rues par divers chemins de fer, I, 336; II, 406, 494, 533. — Distributions d'eau, 456. — Mouvement commercial; arrivages de la vallée de la Susquehannah, 481; arrivages par les canaux et les chemins de fer de l'État, *tableau*, 534. — Distance de Philadelphie à Pittsburg, par les chemins de fer et les lignes navigables, 420, 507, 509. — *Id.* de Philadelphie à Middletown, 476. — *Id.* à la frontière de l'État de New-York, 492, 497; — au lac Érié, 196; —

PHILADELPHIE (*suite*):
à Wheeling sur l'Ohio, 500. — Ligne directe de Philadelphie aux grands lacs, I, 496. — Dommage qui peut résulter pour Philadelphie du canal latéral de Columbia à la mer , 500. — Rivalité entre Baltimore et Philadelphie ; comment elle s'est manifestée à l'occasion du canal de Columbia à Havre de-Grâce et du chemin de fer de Gettysburg à Hagerstown ; transaction survenue , 501 , 502. — Comparaison des distances et des pentes à racheter entre Philadelphie et le lac Érié, et entre New-York et le même lac ; supériorité de New-York , 519, 520 ; Philadelphie a l'avantage à l'égard de l'Ohio, 521. — Distance comparée de Philadelphie et de New-York au canal Ohio, par les voies navigables, II, 217. — Population de Philadelphie, 398 *note*. — Mouvement maritime du charbon, 451. —Communications entre New-York et Philadelphie par les canaux, 468. — Usage du marbre , 554. — Ponts, II, 555, pl. XVI, 8, 10.

—(Chemin de fer de) à Pottsville, par Reading, ou chemin de Philadelphie à Mount-Carbon , II, 452, 544. — Frais présumés d'entretien, 1, 346. — *Id.* de traction, 464.—Clause relative aux dividendes, 362.—Tarif, 572.—Matériel, 384. —Concurrence, II, 442.—Description générale ; détails d'exploitation, 493 à 504.—Ponts, 570 et pl. XVII, fig. 7 à 18, 576 et pl. XIX, fig. 7 à 11, 580 et pl. XVIII, fig. 15 à 22.

— (Chemin de fer de) à Wilmington, I, 338.

— (Chemin de fer de) à Trenton, I, 362 ; II, 400, 542. Description , II, 406.

—(Chemin de fer de) à Norristown, I, 442 ; II, 543, 566. Tarif, I, 374. Longueur ; exécution défectueuse, II, 441 , 554.

— (Chemin de fer continu de) : à l'Ohio, I, 504 à 507 ; II, 535 ; — au Potomac, II, 534 *note*.

— (Chemin de fer de) à New-York ; double direction, II , 592, 406.

— (Chemins de fer entre) et Baltimore ; détails d'exécution et d'exploitation , II , 407 à 409. Longueur, dépense , 542.

— (Chemin de fer entre) et le centre de la vallée de la Susquehannah, II , 475.

— (Chemin de fer à l'ouest de), II, 554.

— (Projet d'un canal de) à Pittsburg, tracés divers étudiés ou proposés, I, 520 à 527. — Canal continu ordonné en 1836, 530, 508 à 510. — Utilité qu'aurait ce canal, 444.

—(Ligne de communication de) avec Pittsburg. 1, 425 , 426, 440 : 1re partie : chemin de fer de Philadelphie à Columbia. *Voir* Columbia. —2me partie : canal latéral à la Susquehannah et à la Juniata, de Columbia à Hollidaysburg. *Voir* Columbia.—3e partie : chemin de fer du Portage, d'Hollidaysburg à Johnstown. *Voir* Portage.— 4e partie : canal latéral au Conemaugh et à l'Alleghany, ou de Johnstown à Pittsburg. *Voir* Pittsburg.—Récapitulation, II, 533. — Itinéraire de Philadelphie à Pittsburg, I, 422. — Embranchements de la ligne de Philadelphie à Pittsburg, 442 à 446 ; II, 534 *tableau*. — Ligne navigable de Philadelphie à la Susquehannah, I , 447 à 450 : 1re partie : canal du Schuylkill. *Voir* Schuylkill.—2me partie : canal de l'Union. *Voir* Union.

PHILIPSBURG (chemin de fer de) à la Juniata , projeté , 1 , 362.

PHILLPOTTS (M. G.), II, 504.

PICOT (M. Ch.), I, 172.

PIERRE DE TAILLE. — Carrières, I, 178, 184 ; II, 267, 295.

—Prix, II, 517.—Localités où la pierre a manqué, II, 108 , 234, 241, 426, 454.—Taille de la pierre, 551, 552. — *Voir* Granit.

PIÉTONS (passage des) sur les ponts en bois ; dispositions diverses adoptées, II, 561.

PILES DE PONTS : Vices de construction en Amérique , II , 552, 561. — Dans le système de Town les piles peuvent être très-faibles, 566, 570, 572. — Piles creuses en briques, 567.—Piles-culées, 66 et pl. VII, fig. 8, 248 *note*.—Épaisseur de piles, I, 165 ; II, 66, 106, 403, 532, 570 , 572, 574, 577. — Longueur, II, 67, 554, 572.—Hauteur de 10 à 15 mètres, II, 572 ; de 15 à 20 mètres , 248 ; de 20 à 25 mètres, I, 534 ; II, 248. — Emplacement habituel, II, 561.—Dépense par mètre cube, 563.—(Distance de). *Voir* Travées. — Liaison des pierres par des crampons, 574 et pl. XIX , fig. 6. — Pile oblique d'un pont droit, 577.

PILLET-WILL (M.), économiste français, I, 430.

PILOTIS. *Voir* Battage, Fondations, Superstructure.

PINE-GROVE, en Pensylvanie, I, 474. *Voir* Warren.

— (Chemin de fer de), I, 476 ; II, 453, 545.

PISCATAQUA (rivière). *Voir* Merrimack.

PITTSBURG, I, 37, 116, 519 ; II, 25 à 29, 188. — Population, I, 14. — Commerce, industrie, I, 520, 520.— Mines de charbon, I, 520 ; II, 447.— Extrémité de l'artère de Pensylvanie, I, 320. — Tête de l'Ohio, I, 88 ; II, 214. — Doit être l'une des extrémités du canal de la Chesapeake à l'Ohio, I, 330 ; II, 46, 47 ; du chemin de fer de Baltimore à l'Ohio, II, 29. — Est classé légalement parmi les ports maritimes , 509. — Prix des transports entre Pittsburg et la Nouvelle-Orléans, 189. — Pont-canal en bois, 558. — Autres ponts sur la Monongahela et l'Alleghany, 562 —Jonctions diverses avec le lac Érié, I, 205, 521. — Mouvement commercial par les canaux et les chemins de fer de la Pensylvanie, 534, 557, 558 *tableaux*.

—(Chemin de fer de) à Washington (près Pittsburg), I, 363 ; péage, 361, 373.

— (Chemin de fer de) à la Susquehannah, péage, I, 361, 373 ; impôt, 362 ;—à Connelsville, impôt, I, 362 ; péage, 373 ;—à Kittaning et à Warren, péage, I, 362, 373 ; impôt, 363 ;— à Baltimore et à Philadelphie, I, 505 ;— à Philadelphie par Chambersburg, projet, I, 506.

— (Canal de Johnstown à), II, 533. Description générale, 1, 417 à 423. Frais d'établissement, 525. Frais d'entretien, 526.

— *Voir* New-York, Philadelphie.

PLANCHERS.—Cubage pour divers ponts en treillis, II, 575, 578.— (Pont avec) suspendus, 555. — Pont avec double plancher, 581.—Garniture du plancher avec des feuilles métalliques, II, 384, 404.

PLANCHES (indication des pages du texte qui se réfèrent aux)
Pl. I. *Passim.*
Pl. II. *Passim.*
Pl. III, fig. 1, t. I, p. 396 ; fig. 2, p. 399, fig. 3, p. 166, 171 ; fig. 4, p. 422 ; fig. 5, p. 582.
Pl. IV, fig. 1 à 5, p. 464 ; fig. 6 à 15, p. 467.
Pl. V, fig. 1, t. II, p. 4 ; fig. 2, p. 12 ; fig. 3 à 8, p. 17.
Pl. VI, fig. 1, t. I, p. 336 ; t. II, p. 499 ; fig. 2 et 3, t. II, p. 27, 45 à 47.
Pl. VII, fig. 2 à 10, t. II, p. 66, 70, 75, 77, 84 ; fig. 11 à 13, p. 84 ; fig. 14, p. 72, 571.
Pl. VIII, t. II, p. 68, 74, 75, 77, 78.

Pl. IX, fig. 1 à 5, p. 69, 70, 83; fig. 6 à 11, p. 71, 83; fig. 12, p. 79; fig. 13 et 14, p. 82.

Pl. X, fig. 1 à 10, p. 76, 84; fig. 11, p. 71, 81, 84.

Pl. XI, fig. 1 à 6, p. 79, 80, 83; fig. 7, 8, 9, p. 75.

Pl. XII, t. II, p. 256 *note* (2); fig. 29 et 30; t. II, p. 294; fig. 32 et 34; t. II, p. 49; fig. 31 à 37, p. 294 *note*. L'explication générale de cette planche setrouve aux pages 298 à 304.

Pl. XIII, t. II, p. 484 à 489.

Pl. XIV et XV, t. II, p. 510 à 516.

Pl. XVI, fig. 1, t. II, p. 552; fig. 2 à 5, p. 560; fig. 6 à 10, p. 555; fig. 11, p. 563; fig. 12, p. 567; fig. 13 à 18, p. 556.

Pl. XVII, fig. 1 à 6, t. II, p. 559; fig. 7 à 18, p. 570; fig. 19, p. 568.

Pl. XVIII, fig. 1 à 6, p. 568; fig. 7 à 12, p. 569; fig. 13 à 22, p. 580, 581.

Pl. XIX, fig. 12 à 15, t. II, p. 498, 499; fig. 7 à 11, p. 576, 578; fig. 1 à 6, p. 572.

PLANS INCLINÉS. *Voir* Appareil de sûreté, Câbles, Frein, Machines.

— Chemins de fer américains, I, 177, 178, 266, 285, 332, 335, 401 *tableau*; II, 4 *tableau*, 141, 144, 164, 165, 166, 248, 532, 420, 456, 457 *tableau*, 458 *tableau*, 459 *tableau*, 467, 473, 474, 506, 507 *tableau*, 508 et 509 *tableaux*.—Capacité pour le mouvement des marchandises, I, 405, 408; II, 524.

— de $0^m.037$ à $0^m.05$ franchis par des locomotives, II, 14,15;

— Plans inclinés automoteurs, I, 320; II, 448, 456, 510; caisses à eau, 511; manœuvre, 511, 515;

— curvilignes, II, 509 *tableau*; manœuvre 511, 514 et pl. XV, fig. 12 à 15.

—avec machine fixe, I, 177, 334, 598; II, 145, 456, 458, 509. Disposition spéciale pour les plans qui ne peuvent être automoteurs; machine à vapeur, II, 511. Discussion des projets de MM. Robinson et Long pour le chemin du Portage, I, 396.—Service des plans inclinés de ce chemin, 405. — De la comparaison entre les plans inclinés et les rampes douces pour racheter une différence de niveau donnée; des machines fixes et des locomotives; du chemin de Blackwall à Londres, 414.—Cas où il est bon de recourir aux plans inclinés, II, 88.

—- desservis par des chevaux, I, 177, 404; II, 4, 516 et pl. XV, fig. 11.

— Transport des voyageurs, I, 404.

— (Service des); mesures pour prévenir les accidents, II, 144.

— Dépenses du service des plans inclinés; détail, I, 348, 406, 408; II, 524. Surcroît de dépense annuelle, en bloc, II, 4. —Dépense pour élever une tonne à 100^m de hauteur verticale, I, 349, 407, 409; II, 521.—Dépense d'établissement de plans inclinés, I, 405; II, 518 *tableau*, 520 *tableau*. — *Idem* d'entretien, 521.

— Poids des pièces en fer et en fonte de l'appareil d'un plan incliné, 519 *tableau*.

— Suppression : (chemin de fer de Philadelphie à Columbia); études, dépenses, I, 337, 338;(chemin de fer de Baltimore à l'Ohio), II, 4, 11, 15.—Projets de suppression: (chemin de fer de Philadelphie à Columbia), I, 338, 339; (chemin de fer du Portage), 411.

PLANS INCLINÉS DU CANAL MORRIS :

— Nombre; pente rachetée, II, 476. — Dimensions, 477 *tableau*. — Intervalles les séparant, 478 *tableau*. — Répartition entre le versant de la Passaïc, 479, et celui de la Delaware, 479 *tableau*.—Force motrice, 479.—Mécomp-

tes, mauvais matériaux, 479. — Capacité des bateaux, 480, 481. — Nombre de bateaux passés en un jour, 480. — Poids à vide, 484. — Dimensions des sas, 481. — Travaux d'amélioration, 481. — Frais de traction, 481. — Rapidité de la circulation, 481. — Durée d'un passage, 484, 486. — Perfection des mécanismes, 481. — Projet d'imiter ce système dans l'État de New-York, sur les canaux de la Genesee et du Black-River; pourquoi on y a renoncé, 481, 483. — Dimensions et poids des bateaux, 482. — Frais de construction par mètre d'élévation, 482. — Obstacle qui limite le tonnage des bateaux, 482. — Cas où l'usage des plans inclinés peut être avantageux, 482. — Application que ce système pourrait recevoir en France; navigation et irrigation de la contrée sous-pyrénéenne, 483. — Description détaillée du mécanisme d'un de ces plans, 484 et pl. XIII.

PLANTATION d'une ligne de joncs, à la ligne d'eau des canaux, I, 164.

PLATEAU (description du) : — des grands lacs, 36 à 45; — des sources du Mississipi, 66.

PLATES-FORMES TOURNANTES, II, 514. Poids des matériaux, dépense, 518.

PLÂTRE. Abondant dans l'État de New-York, rare en Pensylvanie, I, 495. — Se trouve sur les rives du Grand-River; usages, II, 288.

PLUIE. *Voir* Eau pluviale.—Influence sur la vitesse des transports sur les chemins de fer, II, 423.

PLUS-VALUE provenant de travaux publics. Propriétaires imposés dans l'État de New-York en raison de la plus-value, I, 198. Il en est tenu compte dans la détermination des indemnités d'expropriation pour le canal de l'Union, 449. —Charges imposées par l'État d'Ohio aux propriétaires qui doivent retirer une plus-value des travaux publics, II, 218.

POELES pour brûler l'anthracite, II, 449.

POINSETT (M.), II, 140.

POINT DE PARTAGE. *Voir* Faîtes.

— (Hauteur du) de divers canaux d'Europe et d'Amérique, I, 115; d'Amérique, 153, 154, 165, 171, 178, 180, 182, 297, 473; II, 47, 138, 194, 197, 233, 245 *note*, 266, 274, 279, 342, 355, 358, 365, 455, 476.—Longueur de divers biefs de partage, II, 197, 215, 225, 235, 257, 267, 268, 274, 354, 479. —(Canaux à), I, 294, 421 *note*, 513; II, 118, 239. — Dispositions particulières sur le bief de partage du canal Miami, 224. — Canaux à double point de partage, II, 206.

POINT OF ROCKS, sur le Potomac et sur la ligne du chemin de fer de Baltimore à l'Ohio, et du canal de la Chesapeake à l'Ohio, II, 3, 4, 5, 7, 9, 24, 55, 58.

POINTE COUPÉE (Louisiane).

— (Chemin de fer de) à Opelousas, II, 536.

POLICE DES CHEMINS DE FER (frais de), par kilomètre, I,547.

POMMEROEUL (canal de) à Antoing (Belgique), tarif, I, 437, 438.

POMPES :

—(Description de deux systèmes de), employés aux épuisements du pont de Georgetown, 76, 84. Effet utile, 77,78.

PONTCHARTRAIN (lac). — (Canaux reliant le) à la Nouvelle-Orléans, II, 359.— Jonction projetée avec le port Saint-Marc et l'Atlantique, 369.— *Voir* Nouvelle-Orléans.

PONTONS, II, 82.

PONTS. *Voir* Arches, Charpente, Chemins de halage, Contrefiches, Fer, Fondations, Parapet, Peinture, Piétons (passage des), Piles, Plancher, Tablier, Toiture, Travées, Voûtes.

Ponts *(suite)* :

— Ponts communs à un chemin de fer et à une route ordinaire, I, 276; II, 36, 426, 560. — Pont à double étage servant l'un à une route ordinaire et l'autre à un chemin de fer, II, 381, 403. — Pont-aqueduc accompagné d'un pont pour les communications ordinaires, I, 393. — Ponts mobiles, II, 24, 53, 354; description, 376, 404; dépense, 404. — Ponts à double voie séparée, 555, 556, 558, 559, 567. — Ponts à péage, 419, 426. — Beaux viaducs du chemin de Jersey-City à New-Brunswick, II, 403, 440; — du chemin de Philadelphie à Baltimore, 408. — Bateau à vapeur reliant deux tronçons du même chemin, 408.

— (Nombre de) existants sur divers chemins de fer, II, 9, 145, 417, 551 *note*, 535 *note*; frais d'établissement 397, 417; *idem* par kilomètre, 443, 417. — (Nombre de) existants sur divers canaux, I, 295, 473, 489, 490; II, 105, 197.

— Evités sur le canal de la Chesapeake à l'Ohio, pourquoi, II, 53. — Absence de ponts fixes sur le canal Welland, 279; — sur le canal du Raritan à la Delaware, 354; — sur le canal de la Delaware à la Chesapeake, 359.

Ponts en charpente, II, 98, 145. — Pont en pilotis, 374. — Pont biais, 498. — Pont biais en charpente avec piles en maçonnerie, sur le Connecticut, I, 308. — Pont droit avec une pile oblique, II, 577. — Description détaillée d'un pont biais en treillis, 380 et pl. XVIII, fig. 13 à 22. — Ponts avec chemins de halage, I, 392, 418, 483; II, 36. — Ponts de halage, I, 516; II, 104, 465. — Ponts suisses ou ayant leurs points de suspension au dessus du tablier, II, 557. — Pont formé de pièces de bois très courtes, 556. — (Anciens), 555 et pl. XVI, fig. 6 à 10 et 13 à 18. — Préférés aux ponts en pierre à raison de leur économie, 9. — Beau pont en bois sur le Merrimack à Haverhill, 373. — *Id.* à Newburyport, 581; — sur le North River sur simples pieux en chêne, 581; — sur le Potomac, 36. — Défauts de construction des ponts du chemin de fer de Columbia, I, 334; du chemin de fer d'Amboy à Camden, II, 394.

— Longueur du tablier de divers ponts en bois, avec piles et culées en pierre : — de 100m. de longueur et au dessous, I, 334, 473; II, 201, 234, 244; — de 100m. à 200m. I, 334, 571; II, 9, 201, 394, 497, 566, 574; — de 200m. à 300m., I, 157, 334, 418; II, 244, 475, 497, 560, 562, 577; — de 300m. à 400m. I, 157, 334, 418, 483; II, 37, 581, 384, 562, 570; — de 400m. à 500m., I, 334; II, 66, 530, 567; — de 500m. à 600m., II, 374, 581, 403, 426, 562; — de 600m. à 700 m., I, 392; — de 800m. à 900m., II, 417, 572; — de plus de 2000m., I, 337; II, 561.

— Dépense par mètre courant dans divers systèmes : système de Burr, 559 à 563. — Système de Town, 563, 567, 570, 574, 578, 581. — Détail de la dépense; système de Town, 578, 581. — Dépense en bloc de divers ponts, II, 145, 373, 417, 427. — *Voir* Burr (système de); Town (système de); Long (système de).

Ponts en maçonnerie. — Sont en petit nombre en Amérique, II, 551. — Ponts à une arche, II, 9, 52, 106, 201, 412; à deux arches, I, 517; II, 9, 106, 201; à trois arches, II, 52, 106, 201, 464; à quatre arches, 9, 201, 554; à cinq arches, I, 418; à sept arches, I, 163; II, 52; à neuf arches, II, 66; à dix arches et au dessus, I, 157; II, 550. — Longueur totale au dessous de 100 mètres, I, 402; II, 52, 555, 573, 554; de 100 mètres à 200 mètres, II, 52;

de 200 mètres à 300 mètres, I, 157; II, 552; au dessus de 300 mètres, 66, 550. — Ponts avec arches au dessous de 15 mètres, I, 517; II, 9, 52, 106, 412 : avec arches de 15 à 20 mètres, I, 165, 418; II, 9, 33, 52, 552; avec arches de 20 à 25 mètres, I, 402; II, 9, 52, 530, 535 *note*, 551, 554; avec arches au dessus de 25 mètres, II, 52, 66. — Ponts pour chemins de fer, I, 402; II, 9, 373, 531 *note*, 535 *note*. — Avaient été d'abord préférés aux ponts de bois sur le chemin de fer de Baltimore à l'Ohio, II, 9. — Ponts en maçonnerie rustique, II, 9, 248 *note*, 552. — Pont biais, I, 402. — Viaduc de Carrolton en granit, II, 9, 551. — Viaduc de Canton, 384. — Viaduc sur le Chickahominy avec trottoirs extérieurs, dimensions, 412. — Pont de Black-Rock; dimensions, 497; description détaillée, 554. — Viaduc courbe en granit sur le Patapsco, II, 53; description détaillée, 552 et pl. XVI, fig. 1. — Dépense de divers ponts, I, 165; II, 9, 517, 530, 537, 552, 554.

Ponts-aqueducs ou ponts-canaux. — Substitués à la traversée des ruisseaux de plain-pied (canal Erié), I, 166. — (Nombre de) sur divers canaux, I, 473, 483, 484, 489, 490, 512, 513, 516; II, 105, 197, 224, 237, 354, 490, 524. — Dimensions, I, 475, 483, 489, 490, 512, 513, 516; II, 106 *tableau*, 201 *tableau*, 215, 224, 240. — Données de la construction d'un certain nombre de ponts-aqueducs, II, 106 *tableau*, 201 *tableau*. — Ponts-aqueducs d'une grande étendue, I, 137, 418. — Ponts-aqueducs avec palées en bois, II, 241. — Ponts-aqueducs en bois avec piles en maçonnerie, I, 137, 482, 295, 393, 517; II, 200, 234, 242, 244, 341; description détaillée, II, 337. — Ponts aqueducs du système de Burr : ont peu réussi en Pensylvanie, 558. — Projet de suspendre le coffre de l'aqueduc du pont de Georgetown, au moyen d'une charpente en treillis, 571 et pl. VII, fig. 14. — Bâche placée au dessus des arceaux du pont, I, 517.

— Ponts-aqueducs ou ponts-canaux en pierre, I, 155, 157; II, 355, 464.

— de Rochester (canal Erié); nécessité de le reconstruire, 157; description du nouveau pont, 165; dépense, *ib.* et 178; — de Georgetown, sur le Potomac (canal de la Chesapeake à l'Ohio); détails de construction, II, 65 à 85; dépense, 75. — Enumération et dimensions des ponts-aqueducs du canal de la Chesapeake à l'Ohio, II, 52. — Grands ponts-aqueducs du canal d'alimentation de New-York; élévation extraordinaire de l'un d'eux, fondations, dépense, 530. — Pont-aqueduc de Roquefavour en France, 530 *note*.

Population :

— des divers Etats comprenant l'Union à diverses époques, *tableaux*, I, 8 à 12; II, 91, 155. — Comparaison avec la France et l'Angleterre, I, 12.

— des principales villes des Etats-Unis, I, 13; II, 157, 160 *note*, 213, 356, 382, 398 *note*, 407, 460. — Faible population du bassin du Saint-Laurent dans les possessions anglaises, I, 50; II, 277. — Population du bassin du Mississipi, *tableau*, I, 82. — Chiffre auquel la population pourra un jour atteindre, 83. — Progrès de la population des Etats de l'Ouest, 167; II, 187, 252; — de la Pensylvanie, I, 322. — Faible population des localités situées entre la Nouvelle-Orléans et l'Ohio, sur les bords du Mississipi, II, 336. — Influence des chemins de fer, 506. — Population des Etats-Unis, de la France et de l'Angleterre, en 1840, 549, 550.

— *Voir* Longueur de canaux, de chemins de fer; Désert.

Port Clinton, II, 193. *Voir* Petit Schuylkill.

Port Dalhousie, sur le lac Ontario, II, 282.

Port Deposit, sur la Susquehannah, II, 408. *Voir* Baltimore.

— (Chemin de fer de Westchester à), tarif,, 361.

— (Chemin de fer de Parkesburg à), embranchement de la ligne de Philadelphie à Pittsburg, I, 442.

Port Hudson, sur le Mississipi.

— (Chemin de fer de) à Jackson et à Clinton, II, 338.

Portage.

— Définition, I, 37 *note* et 129, 130 ; II, 255. — Longueur entre le Fox-River et le Wisconsin, 37 ; II, 268. — Portages entre le lac Huron et le bassin du Mississipi, 41 ; entre le lac Huron et le Saint-Laurent, *ibid* et 53.

— (Chemin de fer du), entre la Juniata et le Conemaugh , sur la ligne de Philadelphie à Pittsburg, II, 26, 162 *note*. — Adjudication en 1831, I , 329. — Détails de construction et d'exploitation , plans inclinés, 395 à 416, 525, 526, 527 *note*. — Longueur, dépense , II , 553. — Comparaison avec la partie des chemins de fer de Baltimore et de Charleston à l'Ohio qui traverse les montagnes, II, 164, 165.

— (Bief de partage du), canal Ohio, II, 196, 197.

Porter (M.), statisticien anglais, I, 12.

Porter (M. Pierre B.), I, 148.

Portes d'écluses :—en bois; description détaillée; mécanisme pour la manœuvre, II, 301. — Portes d'une écluse hydrostatique, 464. — Espace occupé par le jeu des portes, 464, 465. — Appareil pour manœuvrer les portes du sas d'un plan incliné, 485. — Description de ces portes , 487 et pl. XIII, fig. 6, 7, 8 et 9.

Portland (Maine), I, 14, 27.

— (Canal de) au lac Sebago, I, 300, 315 ; II, 529, 543.

— (Chemin de fer de) à Montréal et à Québec, projet, I, 314.

— Portland doit être le point de départ de la grande ligne de chemins de fer le long du littoral de l'Atlantique, II, 372. *Voir* Dover.

Portland, sur l'Ohio. *Voir* Louisville, Lexington.

Ports :—américains ; leur situation générale, I, 27, 28. — Absence de ports naturels sur la plupart des grands lacs , 39. — Ports sur le lac Ontario, 53 ; — de Pensacola sur le golfe du Mexique, 81. — Fermeture des ports par les glaces , 99 , 230. — Mouvement commercial des ports français et américains, 220, 221. — *Id.* des ports du canal Erié sur l'Hudson, 227. — Importance relative des ports de l'Etat de New-York, sur les lacs, 236, 239, 240. — Utilité qu'il y a, en tout pays, à relier par de bonnes lignes de transport les districts intérieurs aux ports ; fâcheuse condition de la France à cet égard , I , 264 ; II , 173. — Le commerce maritime tend à centraliser ses opérations dans un petit nombre de ports, II, 154, 155. — Nécessité d'un grand port de commerce dans le sud de l'Union , sur l'Atlantique, 155. — Mouvement commercial du coton, 157, 158. — Port de Cleveland, 202. — Création d'un port à Michigan-City, 245. — Pittsburg est un port maritime, 509. — Port sur la Delaware , à l'embouchure du canal de la Delaware à la Chesapeake superficie, 539.

Portsmouth (et Middletown), en Pensylvanie, au confluent du Swatara et de la Susquehannah. *Voir* Middletown.

Portsmouth (Virginie), vis-à-vis de Norfolk, II, 427.

— (Chemin de fer de) au Roanoke, vis-à-vis de Weldon ,

II, 125, 129, 543 ; tarif, I, 365, 375. — Description générale, II, 426 à 429.

Portsmouth (Ohio), I, 521 ; II, 197, 199, 202. — Mouvement commercial , 211 *tableau*.

Portsmouth (New-Hampshire). *Voir* Boston.

— (Pont de), II, 556 et pl. XVI, fig. 13 à 18.

Pose : — des pierres ; appareils , procédés, II, 79 à 81, 85.

— de rails ; dépense, 376, 397, 427, 499, 517.

Postes. *Voir* Dépêches.

Potomac, fleuve, I, 7, 19, 22, 24, 29, 99, 124, 445 ; II, 24, 45, 54, 56, 67. — Premiers projets et premiers essais d'amélioration, I, 131, 132. — Jonction avec la Susquehannah ; directions diverses étudiées, 325. — Difficultés du tracé du canal de la Chesapeake à l'Ohio le long du Potomac, II, 45. — Doit faire concurrence à l'Hudson et au Mississipi pour le commerce de l'Ouest, 61. — Pont-aqueduc de Georgetown sur le Potomac ; description, dépense, etc. II, 65 à 85. — *Voir* Fredericksburg , Richmond.

Le Potomac communique :

— avec l'Ohio, par le chemin de fer de Harper's Ferry à Winchester et deux routes se dirigeant de Winchester à Parkersburg, l'une desquelles passe par Staunton.

— avec la Susquehannah : 1° par les chemins de fer de Washington à Baltimore et de Baltimore à Columbia ; 2° par deux chemins de fer se dirigeant de Williamsport, l'un sur Columbia par Gettysburg, l'autre sur Harrisburg par Chambersburg.

Pottsville, sur le Schuylkill, I, 457 ; II, 505. *Voir* Philadelphie, Sunbury.

Poussée de la glaise formant la digue d'un batardeau , II, 69, 72.

Poussin (le major), II, 44, 143, 333, 334, 352, 569.

Powhattan (canal), projeté, II, 118.

Pownall (le gouverneur), I, 151.

Prairie (chemin de fer de la), de Montréal à la rivière Richelieu, II, 327 *note*, 533 ; détails d'exécution, dépenses etc, I, 174.

Prairies, définition des espaces ainsi nommés et leur position dans la vallée du Mississipi, I, 64. — Elles sont susceptibles d'une bonne culture, 65. — Elles se prêtent mieux aux chemins de fer qu'aux canaux , *ib.*

Price (M. W.-H.), II , 205.

Prise d'eau dans le Saint-Laurent ; épi, II, 300.

Produits des canaux. *Voir* Chûtes d'eau, Tarifs. — Leur rapport avec la valeur des objets transportés : canal Erié, I, 169. — Produit des canaux de l'Etat de New-York , 199, 200 ; abaissement de tarif ; augmentation du produit, 207, 256, 257. — Le produit du canal Erié a dépassé toutes les prévisions , 214. — Montant des péages perçus en 1837, à raison du transport des voyageurs sur les canaux de l'Etat de New-York , 231. — Péages qui résultent pour ces canaux du commerce des autres Etats, 240. — De l'accroissement que paraissent devoir acquérir ces péages par la reconstruction du canal Erié, 240. — Produit des voyageurs comparé à celui des marchandises, 246. — Produit des péages sur les divers canaux de l'Etat de New-York de 1820 à 1839, 254. — Proportion de la somme totale des mêmes péages correspondant à chaque classe de produits (en centièmes), 256. — De l'influence, au point de vue fiscal, des canaux d'embranchement sur la grande artère de navigation, 258. — Les tarifs trop élevés donnent des produits faibles, 296. — Progression des produits

Produits des canaux (*suite*) :
du réseau de la Pensylvanie malgré la réduction du tarif , 527. — Abandon temporaire et partiel par l'État d'Ohio, du produit de ses canaux, en faveur de compagnies concessionnaires de canaux d'embranchement ; affectation antérieure des mêmes produits à l'amortissement de la dette des canaux, II, 246. — Emploi et répartition des produits du canal de Louisville à Portland , II , 310. — Canal de jonction de l'Hudson au lac Ontario, I, 153. — Produit net des canaux de l'État de New-York en 1856 , 262. — Canal du Schuylkill, 451, 460, 480 ; — de l'Union, 479 ; — de la Chesapeake à l'Ohio, II, 57. — Canaux de l'État de Virginie, 100 ; — de la Caroline du Sud, 159. — Recettes brutes et revenu net du canal Ohio, 208 ; — du canal Miami, 225. — Produit des péages du canal Welland, de 1832 à 1839, 284 ; — du canal de Louisville à Portland, de 1831 à 1839, 310 ; — du canal Rideau, de 1832 à 1838 , 546 ; — Produits des canaux et des chemins de fer de l'État de Pensylvanie, 527 *tableau*. — Comparaison avec les produits des canaux de l'État de New-York, 528. — Faible produit du canal de Warren, II, 227. — Produit espéré des canaux de l'État d'Ohio , 230. — — Produits du canal du Raritan à la Delaware 355 ; — du canal de la Delaware à la Chesapeake, 362 ; — du canal du Dismal Swamp, 366 ; — du canal du Lehigh, 469.

Produits des chemins de fer, II, 177 ; nets I, 272, 305 ; II, 23, 35, 44, 146, 148, 374, 379, 386, 418, 424, 428, 505, 522 ; bruts, II, 35, 39, 40, 148, 375, 398, 409, 443, 414, 422, *tableau*, 428 *tableau*, 440, 443, 448. — Produit brut des voyageurs, II, 19, 34, 148, 375, 377, 379, 381, 386, 409, 414, 418, 424, 428. — *Id.* des marchandises, II, 19, 34, 148, 375, 377, 379, 381, 386, 409, 414, 418, 424, 428. — Rapport entre le produit des voyageurs et celui des marchandises, I, 288, 305 ; II, 40, 421. — Produit des voyageurs par kilomètre parcouru, 369, 410. Faible produit des voyageurs des stations intermédiaires , sur le chemin de fer du Potomac à Richmond, II, 414. — Produit net des droits de traction, I, 552, 410. — Balance annuelle des recettes et des dépenses, II, 23 *tableau*, 375, 398 *tableau*. — Prix auquel a *été* vendu le chemin de fer de la Nouvelle-Orléans à Nashville, II, 348 : celui de Providence à Seekonk, 388.
— *Voir* Dividendes, Tarifs.

Produits des droits de navigation sur les rivières et sur les canaux de France, I, 254 ; — sur le Shenandoah, II, 64 ; — sur le James-River, 95 ; — sur le Kanawha, 100. — Faible produit retiré des premiers travaux de navigation entrepris aux États-Unis, I, 153.

Profondeur de diverses rivières : le Saguenay, I, 50 ; — le Mississipi, 75, 76 ; — le Potomac, 45, 66 ; — le Saint-Laurent, II, 291 ; — l'Ohio, 317, 318. — Tirant d'eau minimum, II, 249, 293, 530.

Propriété publique. *Voir* Domaine de l'État, Richesse publique.

Providence, I, 15, 27 ; II, 355, 368, 567. *Voir* Boston, Worcester, Stonington.

Puits artésien à Rochester (température de l'eau d'un), I, 98.

Purcell (M.), II, 54.

<h2 style="text-align:center">Q</h2>

Québec. *Voir* Montréal, New-York, Portland. — Comment Québec peut aspirer à lutter avec New-York, II, 278, 288. — Liaison stratégique avec le lac Ontario par le canal Rideau, 341.

Quincy, sur le Mississipi (chemin de fer de), vers Lafayette, coupant le chemin de fer Central d'Illinois à Decatur, II, 261 à 264 ; son exécution est très-avancée entre Springfield et l'Illinois, 265, 539 *note*.

Quincy (Massachusetts). — (Chemin de fer de), I, 315 ; II, 529, 545, 553. — (Carrière de), II, 553.

<h2 style="text-align:center">R</h2>

Rachat de concessions de travaux publics, I, 217, 220, 227, 289, 301 ; II, 399, 401. Fonds de réserve affecté à ce rachat (État de New-Jersey), II, 402

Radeau. *Voir* Bois de dérive.

Radier. *Voir* Fondations.

Rails. — Rail formé par une longrine en bois recouverte d'une bande mince de fer, I, 177, 267, 276, 355 ; II, 57, 143, 175, 176, 352, 404, 405, 408, 412, 420, 426, 431, 440, 573, 575. — Vices de ce système, I, 336, 345, 406 ; II, 8. — Dépense, II, 146, 421. — Même système avec une forte bande de fer, dépense par kilomètre, 408. — Substitution de rails en fer, 44, 88, 405, 425. — Frais de cette substitution, 415.
— en fer, I, 305, 308, 312, 355 ; II, 34, 176, 352, 373, 404, 405, 475, 555 *note*. — Dépense d'établissement par kilomètre de voie simple, II, 54. — Prix de la tonne de fer, 499. — Poids des rails : inférieur à 20 kilog., I, 305, 355 ; II, 34, 375, 404, 443 ; au-dessus de 20 kilog., I, 312, 402 ; II, 88, 176, 249, 376, 379, 385, 389, 390, 394, 405, 498, 531 *note*, 535 *note*. Poids par kilomètre, II, 499.
— en barres : longueur à leur donner, II, 395, 404, 408, 498. Espacement entre deux barres successives, 395, 498 ; dépense, 397 ; frais de pose, 397.
— à base épatée en forme de H, II, 34, 249, 385, 389, 390, 443, 498 et pl. XIX, fig. 10 à 15. — Dimensions, 394. — Quand employés pour la première fois, 394.
— en forme de ⊥ renversé, I, 308 ; II, 443.
— ayant trop peu de hauteur, 440, 443.
— ondulés, I, 402 ; II, 375. Substitution d'un rail à lignes parallèles, II, 376.
— en fer à une seule tête, 404.
— Rail particulier à cause de la neige, II, 381.
— de garde, I, 573, 575 et pl. XIX, fig. 4, *vv*, *v'v'*.
— à coussinets, I, 305 ; II, 249, 385, 389, 405, 498.
— encastrés à nu dans les traverses, II, 498.
— *Id.* avec support au milieu, 249.
— (Jonction des) avec leur support, II, 394, 395, 405, 412, 420, 434, 498. *Voir* Coussinets ; — entre eux, 379, 589, 395, 405.
— *Voir* Coussinet, Dés, Fondations, Longrines, Pose, Traverses.

Raleigh, capitale de la Caroline du Nord. — Devait être le point de départ d'un chemin de fer aboutissant à Wilmington, 429. *Voir* Gaston.
— (Chemin de fer de) à Columbia ; projet, II, 425.

Randall (M. J.), I, 177, 190.

Randel (M.), II, 359.

Rapides. — Existent habituellement à l'intersection des vallées et des crêtes de montagnes, *ibid*. — Sont fréquents sur les rivières du versant de l'Atlantique, 27. — Rapides que présentent le Niagara, 38, 59, 155 ; — le Saint-Laurent, 47, 54 ; II , 294 à 295, 295 *tableau* ; — le haut Mississipi, I, 68 ; — l'Ohio, 69 ; II, 316, 317 ; — le Volga,

424; — le Shenandoah, 132; — le Seneca, 132; — la Susquehannah, 133, 483, 499; — la rivière Richelieu, 175; — le Merrimack, 293; — le Connecticut, 296; — le James-River, II, 95, 97; — le Roanoke, 125; — le Santee 158; — la Maumee, 225; — la Wabash, 236; — l'Illinois, 255, 257; — le Rock-River, 266, 267; — l'Ottawa, 528; — la Susquehannah, 525.

— (Remonte des) du Saint-Laurent, II, 294; — de l'Ohio, 306.

RAPPAHANNOCK, fleuve de Virginie, tributaire de la baie de Chesapeake, I, 22, 24. — Travaux d'amélioration, II, 126, 129, 546 note (1).

RARITAN (canal du) à la Delaware, I, 365, 428 ; II, 393, 398, 452, 544. — Description générale ; détails d'exploitation, II, 353 à 357. — Association avec la compagnie de chemin de fer d'Amboy à Camden, 399. — Tarif, I, 427; II, 399. — Longueur, dépense, II, 544. — Nécessité d'une communication avec le canal du Lehigh, II, 468.

RAYSTOWN (le), affluent de la Juniata, I, 322, 323, 325, 391, 506.

—(Canalisation projetée du), I, 446.

READING, au confluent du Tulpehocken et du Schuylkill, I, 448, 451, 457, 473; II, 493. Voir Philadelphie.

—(Canal de), I, 452, 453.

—(Pont dans le système de Town au dessous de), II, 570 et pl. XVII, fig. 7 à 18.

RÉCAPITULATION générale des canaux et des chemins de fer de l'Amérique du Nord, II, 529 à 550.

RECETTES. Voir Produits.

RED-BANK, affluent de l'Alleghany, I, 420, 485, 508, 509, 520.

RED-CLAY, II, 178.

RED-RIVER. Voir Rivière-Rouge.

REED (M.), II, 289.

RÉGIE. Voir Dépenses d'entretien (chemins de fer). — Travaux de fondation du pont de Georgetown sur le Potomac, II, 67.

RÉGION de l'Atlantique : description, I, 17 à 34. — Région Centrale de l'Amérique du Nord : description, I, 35 à 93. — Sa température comparée à celle de la région de l'Atlantique, 101 à 107.

RÉGULATEUR à éventail, employé aux plans inclinés du chemin de fer de Pottsville à Sunbury, 510, 512, 519 et pl. XIV, fig. 18 à 37.

REMBLAI:

— sur un terrain marécageux; dépense, II, 65, 73.

— de canal; hauteur, cube, 242.

— de chemins de fer; hauteur, I, 267, 302; II, 7, 385, 445, 459.—Sur le chemin de fer de Charleston à Augusta les remblais ont été remplacés par des pieux ou des arbres couchés, II, 142.—Diverses charpentes, selon l'élévation à laquelle il fallait soutenir le chemin ; prix comparatifs, 143. — Après l'achèvement du chemin on a remblayé là où il était suspendu sur pilotis, 144, 149. — Remblais remplacés provisoirement par des charpentes sur le chemin de fer de Portsmouth au Roanoke, 426. — Bourrelet saillant (ridge) sur lequel repose le chemin de fer de Carrolton, à cause de l'humidité du terrain, 443. — Surhaussement sur une charpente du chemin de fer de Harper's Ferry à Cumberland, dans la traversée de Harper's Ferry, 533 note. — Voir Mur, Talus, Jetée.

REMORQUAGE sur les canaux, II, 46, 55.

—à la vapeur sur les rivières non pourvues de chemins de halage, II, 550, 551.

REMOUS (étendue du) produit par un barrage, II, 530.

RENFREW, localité d'Angleterre. Voir Paisley.

RENTES (taux des) américaines, I, 198 note ; II, 152, 196, 263, 427 note.

RÉSERVOIRS (chemins de fer), II, 145.

RÉSERVOIRS. Leur capacité sur divers canaux; détails d'exécution, I, 179, 419, 453, 473, 508, 544; II, 197, 198, 215, 216, 226, 239, 242, 243, 479.—Immense réservoir du canal de l'Union, I, 471. — Id. du canal Miami, II, 226. — Id. du canal d'alimentation de New-York, 529. — Autres réservoirs, épurateur et distributeur, du même canal, 550.— Canal Genesee; dépense présumée, I, 184.—Canal Schuylkill; dépense, I, 453.—Canal de la Chesapeake à l'Ohio; données, réservoirs échelonnés, II, 48.—Le canal Miami se confond pendant un certain espace avec un réservoir qui occupe le lit du Lorimie, 224, 226.—Biefs servant de réservoirs, II, 279.—Réservoir établi pour la manœuvre d'un plan incliné de chemin de fer, II, 511, 513 et pl. XV, fig. 1 à 7.

RÉSISTANCE des ponts en treillis, II, 566.

RETRAITES. Voir Fonctionnaires.

REVENU. Voir Produit.

REVÊTEMENT :

— en bois, II, 197, 198, 299; projeté sur les bords de l'Hudson; substitution d'un revêtement en cailloux ou en perrés, I, 193, 194 ; dépense d'exécution, 195.—Addition d'un revêtement en argile, ibid. — Canal de l'Union, 472.—Canal du Schuylkill, 451. — Revêtement en bois du mur de chute d'une écluse, II, 301, 464, pl. XII, fig. 20; — formant la bâche d'un pont-canal, 557.—Nécessité de revêtements pour le canal de Louisville à Portland, II, 308.

— en granit d'un réservoir de distribution d'eau, à New-York, 550; — en pierre menue ; canal de la Chesapeake à l'Ohio II, 53; canal du Raritan à la Delaware, 355; de la Delaware à la Chesapeake, 359. Voir Étanchement.

RÉVOLUTIONS TERRESTRES. Changements qu'elles ont produits dans le niveau des grands lacs et dans le régime des fleuves de l'Amérique du Nord, I, 30, 44.—Elles n'ont pas laissé de traces semblables dans la vallée du Mississipi, 64.

RHIN : jonctions projetées avec le Danube, I, 117, 118.

RHODE-ISLAND (État), I, 5, 6, 8 à 11.—Voies de communication établies sur son territoire, II, 386, 388.

RHÔNE (France), nécessité de travaux d'amélioration, II, 174 note, 296 note; système à adopter, 545. — Remorquage à la vapeur, 551.

RHÔNE (canal du) au Rhin, I, 118. — Hauteur franchie, I, 116. — Dépense, 205. — Longueur et pente, 421. — Nombre et espacement des écluses, 421.

RICHELIEU (rivière), affluent du Saint-Laurent, I, 30, 42, 175.

RICHESSE PUBLIQUE.—Ses progrès aux États-Unis, I, 168. — Influence des canaux sur la richesse publique et privée, (État de New-York), 223, 260 à 265; (Nouvelle-Angleterre), 295. — Portée commerciale et politique de la reconstruction du canal Érié, I, 168 à 170. — Résultats économiques de sa construction première, 215. — Augmentation de valeur acquise par les forêts du New-Hampshire par suite de l'établissement du canal Middlesex, 295. — Avantages résultant du chemin de fer d'Elmira à Williamsport, 495; — du chemin de fer de Baltimore

à Harsper's Ferry, II, 18, — Avantages espérés du canal du Wisconsin au lac Michigan, 269.

Richesse privée ; évaluation dans les Etats d'Indiana et d'Ohio, II, 252 *note*.

Richmond , capitale de la Virginie, II, 102, 107, 111, 121, 431. — Situation topographique, II, 94, 105, 123.
—Commerce du coton ; concurrence avec la Nouvelle-Orléans et Mobile, II, 120.
—(Ligne de) à l'Ohio, II, 98, 101, 115.—On a eu la pensée de diriger cette ligne par la vallée du Roanoke, II, 124.
—(Canal de) à Maiden's Adventure, II, 97, 98, 99. — Produits 100.
—(Canal projeté de) à Warwick, II, 110.
—(Dock de), 127, 128, 131, 536 *note.*
—(D'un chemin de fer continu de) à l'Ouest, II, 120 à 123.
—(Pont de), 417 à 419, 566; description détaillée, 571 à 575 et pl. XIX, fig. 1 à 6. — Défauts de ce pont, 576.
—(Chemin de fer de) au Potomac, par Fredericksburg, II, 129, 134, 542.—Tarif, I, 373, 374 ; II, 430.—Description générale ; exploitation, II, 411. — Embranchements, 416. — Nombre des convois, 430.
—(Chemin de fer de) à Petersburg, II, 129, 134, 542. — Description ; détails d'exécution et d'exploitation, 416. — Tarif, 430. — Nombre des convois, 430, 431.

Richmond, sur la Delaware, en Pensylvanie (embarcadère de), II, 499, 502.

Rideau (canal), du lac Ontario à l'Ottawa , II, 301, 328, 541. — Description générale, détails de construction et d'exploitation, 341 à 347.

Rigoles alimentaires, II, 48, 198, 226, 235, 525.
—navigables, I, 166, 171, 177, 181, 394, 420, 471, 487, 488, 512 ; II, 34, 196, 199, 214, 225, 234, 239, 258, 280, 281, 288 *note*, 289, 353, 354, 365.
—en bois, I, 471.

Rittenhouse, I, 133.

Rivanna, affluent du James-River.
—Travaux d'amélioration, II, 118, 129, 545, 546.
—(Chemin de fer projeté du) au Shenandoah, II, 119.

Rives de fleuves.—Elévation des bords du Saint-Laurent , I, 34 ; II, 297 ; — de la rivière Niagara, 33 ;—du Mississipi, I, 73, 70 ; II, 701, 449. — L'exhaussement des bords immédiats est un caractère commun aux fleuves qui débordent régulièrement, I, 75. — Collines escarpées qui bordent le Potomac, II, 45, 46 ; — le New-River, 114 ; — le French-Broad, 163.—Bords élevés des rives des cours d'eau de l'Etat d'Ohio, 220. — *Id.* du White-Water, 239 ; — du Joliet, 257 ;—des affluents de l'Ohio, 331, 333. — Corrosion des bords du Mississipi et de ses affluents; abattage de bois pour prévenir la formation des chicots, 323, 337,338.

Rivière Rouge.— Rapides, I, 25.—Confluent dans le Mississipi, 87. —Amélioration, II, 324, 325.—Détails sur le grand radeau et sur les moyens employés pour faire disparaître cet obstacle, 336 à 338 ; dépense, 546.

Rivières. *Voir* Amélioration, Bassins, Cataractes, Dérivations, Largeur, Navigation, Pente, Rapides, Rives, Volume d'eau. — Leur direction générale sur le versant de l'Atlantique, I, 24, 26.—Point où s'arrête la marée, 25, 26, 28. — Les rivières, peu profondes en amont de la ligne des cataractes, forment, en aval, des baies ou rades d'une navigation facile, 27, 31. — Influence de l'été sur le volume des eaux, 31. — Gelées, 99.—Les rivières de l'Etat d'Ohio sont généralement étroites et encaissées, II, 220.

Roanoke, affluent de la baie d'Albemarle, I, 24. — Travaux, II, 124 à 126, 129, 545, 546.—Navigabilité, 119.
—(Vallée du), II, 99. *Voir* Petersburg, Portsmouth.

Roberts (M.), I, 160 ; II, 65, 66, 196.

Roberts (M. W. Milnor), I, 415, 444, 515, 518.

Roberts (M. Salomon), II, 475.

Robinson (M. Moncure), I, 283, 286, 346, 384, 385, 395 à 398 , 405, 414, 464; II , 9, 37, 98, 441, 442, 445, 419, 433, 435, 452, 436, 500 à 504, 506, 509, 510, 522, 565, 567, 571, 576.

Robinson (M. Wirt), II, 554.

Roc. *Voir* Tranchées.

Rocher (extraction de) à la mine, II, 383 ; — en lit de rivière, II, 267, 317.

Rochester. — Importance de la ville de Rochester, I, 156, 213. — Sa position sur le canal Erié, 162.
—(Chemin de fer de) à Carthage, I, 150 ; II, 533.— Description, I, 178.
— (Chemin de fer de) à Auburn, projet, 273 ; exécution, II, 531. — Dette, 532 *note.*
— (Chemin de fer de) à Attica, par Batavia, I, 273, 276 ; II, 531, 532 *note.*
— (Canal de) à Oléan, I, 150, 182.
— (Pont-canal de), canal Erié, 157, 165, 178.

Rocheuses (montagnes), topographie, I, 2, 45.

Rock-River, affluent du Mississipi, I, 57.
— (Navigation naturelle du), 266. — *Id.* de quelques-uns de ses affluents, 267.
— (Canal projeté du) à la Milwakie, tributaire du lac Michigan, 266, 267.
— (Amélioration projetée du), au dessous du débouché du canal, 260, 262, 267, 546.

Rocky Mountains. *Voir* Rocheuses (montagnes).

Room Run (chemin de fer du), II, 455, 465, 544. — Description, 473, 474.

Roots (M.), I, 149, II, 491.

Roquefavour (pont-aqueduc de), en France, II, 530 *note.*

Ross's Landing, sur le Tennessee. *Voir* Decatur.
— (Itinéraire de) à Savannah, II, 178.

Roue à marcher. Moteur préférable au treuil pour les sonnettes à battre des pieux, II, 76, 84.

Rouen (chemin de fer de Paris à), ponts en maçonnerie rustique, II, 552 *note.*

Roues :
— en fonte; détails de construction, II, 5 et 6 *note*, dessin, pl. V, fig. 7, 8.
— couplées, 12, 500.
— Système de huit roues; est applicable aux locomotives et aux voitures de voyageurs, mais non aux wagons de marchandises, II, 18.
— folles ou galets tournants pour faciliter le mouvement de roues pesamment chargées, II, 80.

Roulage. *Voir* Transport (frais de).

Routes.
—Les grands chemins (*high ways*) sont entretenus par les commissaires des comtés, I, 270. — Dépense d'établissement en France, par kilomètre, des routes en empierrement, 343 *note*; id. pavées, ib. — Route chargée en coquillages, II, 159 *note.*
—D'après le plan de M. Gallatin, elles devaient relier des lignes de navigation à établir à droite et à gauche de la ligne centrale des Alleghanys, I, 138.—Routes du Maine à la Géorgie; de Washington à la Nouvelle-Orléans , à Saint-Louis et à Détroit (projet de M. Gallatin), 139.—

Route-Nationale (de Washington à Saint-Louis) , I , 88, 139, 558 *note*.— Pont projeté, 558, 559, 560. — Route d'Etat, de Charleston au col de Saluda (Caroline du Sud), II,159. — Route de Vincennes (Indiana) à Saint-Louis sur le Mississipi; allocation de fonds, II, 261.

Routes a barrières, I, 292,304, 305, 444, 445; II, 229.— Epoque de leur établissement aux Etats-Unis, I,429,320. — Exigences d'une compagnie de routes à barrières, 510. —Droit prétendu par une compagnie d'établir un chemin de fer sur ses accotements ou en place de sa chaussée, II, 400. — Achat d'une route à barrières par une compagnie de chemin de fer, I, 269 ; II, 404, 417.

—de Winchester à Parkesburg sur l'Ohio et à Staunton , II, 41.

—du bassin du James River à celui du Kanawha, affluent de l'Ohio, II, 97, 98. — Produits des péages ; frais d'entretien, 100. — Routes secondaires, 97, 98. — Frais d'établissement , 98, 102. — Mouvement commercial, 101.

—de l'Etat de Virginie , tableau financier, 430, 431. — Produits , 433.

—de l'Etat d'Indiana, 258, 259.

—du Kentucky; développement, 331 ; dépense 332.

Ruggles (M. Samuel B.),1,169, 214, 241, 260.

Rusu (le docteur), I, 98, 106, 107.

Rustic work. *Voir* Maçonnerie rustique.

S

Sable. *Voir* Atterrissements, Tranchée.

Saginaw, affluent du lac Huron. *Voir* Grand-River.

Saguenay (le), affluent du Saint-Laurent; description,I, 49.

Saint Clair (le général), II, 187.

Saint-Clair.

—(Rivière), I, 41 ; II, 273.

—(Lac),I, 38, 41 ; II, 273, 274. — Canal de jonction avec le lac Michigan, 274.

Saint-Etienne (chemin de fer de) à Lyon , I, 369 *note*, 371; II, 494;—Tarif, I,278.—Frais d'établissement, 345. —*Id*. de traction, 354 ; II, 503, 504.

Saint-Germain (chemin de fer de Paris à), I, 309, 571 ; II, 501;—Tarif, I, 278.—Frais de traction, 570. —*Voir* Asnières (pont d').

Saint-Jean de Floride, fleuve; canal de jonction projeté avec le Santa-Fé et le port Saint-Marc, II, 368, 369.

Saint-Joseph, tributaire du lac Michigan. Amélioration , II, 273.

Saint-Laurent (bassin du).—Description générale, I, 46 à 62. — Point culminant, 55. — Ses affluents communiquent en temps de crue avec ceux du Mississipi, 54. — Il comprend le bassin des grands lacs , 56. — Quantité d'eau douce qu'il renferme comparée à celle du reste du globe et du Mississipi, 39.40. — Conjecture sur son alimentation par des courants souterrains, 40. — Liaison avec le lac Huron, 41. — Intensité et intermittence de l'hiver, 101. — Plan de M. Gallatin pour faire communiquer ce bassin avec le littoral de l'Atlantique, 138. — Ce bassin offre peu d'embranchements artificiels,II, 327.

Saint-Laurent (fleuve), obstacles qu'il présente à la navigation, I, 26 ; II, 272. — Conjecture sur la formation de son lit, I, 30, 42, 44. — Sort du lac Ontario, 56, 37. — Faibles élévations qui le séparent de l'Hudson et du lac Champlain, 42. — Traces de révolutions terrestres, *ib*.— Description générale, 46 à 62. — Gelée ; chemins sur la glace, 402. — Le canal Erié agrandi doit faire concurrence au Saint-Laurent,168. — Point de départ, II,272. —Conséquences commerciales de sa canalisation,278,285. — Canalisation du Saint-Laurent : considérations générales , 291 à 298; exécution de l'entreprise, canal du Long Sault à Cornwall, 298 à 505. — Longueur exécutée en 1842, dépense, 540. — Facilités particulières qu'offre le Saint-Laurent pour l'établissement d'un canal latéral , 297. — Canaux ou rivières canalisées formant des embranchements du Saint-Laurent, 327, 328.

Saint-Laurent (le fleuve) communique : — avec le canal Erié: 1° par le canal du Black-River; 2° par le canal Chambly et le canal Champlain ; 3° par le chemin de fer de la Prairie et le canal Champlain; —avec l'Hudson par divers chemins de fer disposés à la suite les uns des autres et en partie exécutés,(chemins d'Ogdensburg au lac Champlain, de Whitehall à Saratoga,de Saratoga à Schenectady et Albany);— avec le Connecticut (projet de jonction avec)par la rivière Saint-François et le lac Memphremagog, 297;— avec Hartford et Portland,par deux chemins de fer projetés, 514 ; — avec le lac Ontario, par le canal Rideau; — avec le Mississipi,par les canaux et les chemins de fer dont l'énumération se trouve au t. II, page 557 à 539. —Longueur collective de ces voies de communication et partie exécutée à la fin de 1842, 548.

Saint-Laurent (golfe du) : Dangers de la navigation,I ,47.

Saint-Louis , ville sur le Mississipi. — Son importance commerciale, I, 85. —Atterrissements ; jetée, II, 318. — Route de Vincennes (Indiana) à Saint-Louis, 261, 262.

Saint-Louis.

—(Rivière), I, 37.

—(Lac), II, 292.

Saint-Marc (port). *Voir* Saint-Jean, Pontchartrain.

Saint-Martory (canal d'irrigation de) à Toulouse, II, 484.

Saint-Pierre (lac), au Canada. — Améliorations projetées, II, 292.

Saint-Quentin (canal de) , en France. — Tarif, I, 424 , 430 à 432,457.

Sainte-Marie (canal des chûtes de), II, 273.

Saisons aux Etats-Unis, 1, 99 à 109.

Salaires aux Etats-Unis , I, 348, 443 ; II, 30, 57, 241 , 263, 443, 502, 505, 517, 521, 523, 553. —*Voir* Esclavage , Main-d'œuvre.

Salem, II, 382. *Voir* Boston.

Saluda, l'une des branches du Congaree, I, 24 ;II, 458. —(Canal latéral au), II, 139, 541.

Sandusky (chemin de fer de) à Dayton et à Cincinnati ou de Sandusky au Mad-River, II, 161, 195, 221,222, 225, 227 , 558.

Sandy, affluent de l'Ohio,I, 90. — Projets d'amélioration, II, 167.

Santee (rivière), I, 20, 22, 29. — Premiers essais de canalisation, I, 134 ; II, 138. — Canal entre le Santee et le Cooper,I, 434; étendue, dépense, revenu de ce canal,II, 438,541.

—(Canal commencé du) au Pedee, II, 439, 368.

Saratoga.

—(Chemin de fer de) à Schenectady , par Ballston Spa, I , 276.

—(Chemin de fer de) à Whitehall,276, 277 ; II, 533.

—(Chemin de fer d'Albany à), longueur; dépense, II, 533.

Saunders (le lieutenant), II, 318, 325.

Savage Factory (petit chemin de fer de) ; embranche-

ment du chemin de Baltimore à Washington, II, 34, 36, 542.

SAVANNAH (rivière), I, 20, 22, 25; II, 147. — Profondeur d'eau; limite de sa navigabilité, I, 29.

SAVANNAH, ville de Géorgie, II, 160, 171, 174. — Commerce du coton; concurrence de Charleston, II, 147, 148, 157, 158, 179 *tableau*. — Mouvement commercial comparé de Savannah et de Charleston, II, 180 *tableau*.

—(Canal de) au grand Ogechee, II, 174, 541.

—(Chemin de fer de) à Mâcon ou chemin de fer Central, tracé, dépense, II, 174 à 176. — Embranchements projetés, 180. — Partie exécutée en 1842, 537.

—(Itinéraire de) à Ross'sLanding et à Knoxville, par chemins de fer, 178.

—(Chemin de fer de) à Augusta, projet, 180.

—(Chemin de fer de) vers la Nouvelle-Orléans, par West-Point et Montgomery, projet, 180.

SCHENECTADY, I, 164, 226, 227.

—(Chemin de fer d'Albany à); description; détails de construction et d'exploitation, I, 266 à 268. — Longueur, dépense, II, 531.

—(Chemin de fer de) à Utica. — Description; détails de construction et d'exploitation, 268 à 272. — Tarif, 277, 372, 374. — Frais d'entretien, 346. — *Id.* de traction, 370. — Longueur, dépense, II, 531.

—*Voir* Saratoga.

SCHUYLKILL I, 24, 324.

—(Canal du), 135, 324, 448 à 449; II, 452, 544. — Détails d'exécution et d'exploitation, I, 450 à 456. — Itinéraire, 456. — Solidarité des canaux de Schuylkill et de l'Union, 480. — Tarif, 427, 428. — Concurrence du chemin de fer de Mount-Carbon à Philadelphie, 493, 494, 503.

—(Canal du) à la Susquehannah. *Voir* Union (canal de l').

—(Chemin de fer de la branche occidentale du), II, 453, 522, 544.

—(Chemin de fer de la vallée du), II, 453, 505, 506, 544.

—Jonction avec la Susquehannah par chemins de fer, I, 498.

—(Pont sur le) à Peter's Island, pour le chemin de fer de Columbia, I, 332, 334; II, 67, 560, pl. XVI, fig. 2 à 5.

—(Autres ponts sur le) à Philadelphie, II, 555 et pl. XVI, fig. 8 et 10.

—(Mines du), 449, 450.

—*Voir* Petit Schuylkill.

SCHUYLKILL HAVEN, I, 455, 457; II, 493, 522.

SCHOOLCRAFT (M.), I, 66.

SCIERIE (appareil de), employé à la construction d'un batardeau, II, 75, 82.

SEBAGO (canal), I, 300, 315; II, 529, 545.

SECTION DES CANAUX. — Influence de la section des canaux sur les frais de transport, I, 240, 475; — sur la résistance opposée par l'eau au mouvement des bateaux, II, 50. — Section des canaux américains, I, 156, 158, 164, 171, 173, 184, 294, 300, 315, 391, 475, 482, 497, 501; II, 48 à 50, 95, 97, 102, 105, 110, 158, 174, 199, 215, 221, 233, 234, 242, 244, 256, 257, 267, 275, 279, 281, 290, 293, 294, 296, 308, 333, 339, 340, 354, 359, 456, 464, 465, 480, 490, 529. — Comparaison avec les canaux de France et d'Angleterre, II, 159, 164.— Agrandissement des dimensions du canal Welland, 283; — du canal de Louisville à Portland, 508; — du canal Rideau, 542; — du canal du Dismal-Swamp, 564.— Belles dimensions du canal de la Chesapeake à l'Ohio,

II, 48 à 50. — *Id.* du canal du Long Sault, 296. — Elargissement, de distance en distance, II, 565.

SEEKONK (embranchement de) sur le chemin de fer de Boston à Providence, II, 388, 542.

SÉGUIN (M.) aîné, ingénieur français, I, 320.

SEINE (la).—Pente, I, 128.—Droits de navigation. I, 434.— Mouvement commercial, I, 219. — Nécessité de l'améliorer, II, 174, 296 *note*.

SEL.— Les alluvions qui bordent l'Arkansas sont très-salées, I, 86. — Fabriques de sel sur les bords du lac Onondaga, alimentées par des sources salées, 153 et desservies par le canal Oswégo, 154, 496. — Impôt du sel (Etat de New-York); son affectation et ses produits, 197, 199, 260, 262. — L'Etat de Pensylvanie en est dépourvu, 488, 495. — Exemption de péage pour le combustible dont jouit l'industrie du sel dans l'Etat de New-York, 496.— Salines de la Virginie, gisements, mouvement commercial, II, 96, 101 ; — de l'Etat d'Ohio, 219 ; — du Kentucky, 531. — Mouvement commercial sur divers canaux, I, 234; II, 286, 287, 366, 470, 471.

SELBY, Angleterre. *Voir* Leeds.

SENECA.

— (Canal). *Voir* Cayuga.

— (Le lac); communique : — avec le lac Cayuga et avec le canal Erié, par le canal de Cayuga et Seneca, I, 150, 176; — avec le lac Crooked, par le canal du lac Crooked, 150, 178 ; — avec la Susquehannah, par le canal Chemung, 150, 176.

— (Rivière), dépenses d'amélioration, I, 205. — Longueur améliorée, II, 532.

SÉRIE DE PRIX : travaux du chemin de fer de Pottsville à Sunbury, II, 517.

SNAW (M.), II, 56.

SHELBYVILLE. *Voir* Alton.

SHENANDOAH, affluent du Potomac, I, 10; II, 53. — Travaux d'amélioration, I, 153; II, 55, 540 *note* (1).

— (Vallée du); productions, II, 18.

— *Voir* Rivanna.

SHENANGO, affluent du Beaver, II, 215. — Canal latéral, I, 544.

SHREVE (le capitaine), II, 188, 318, 321, 324, 325, 357, 358.

SINNEMABONING, affluent de la Susquehannah, I, 323, 325, 420, 483, 508, 509. — Distance de Philadelphie à cette rivière, par les chemins de fer et par les canaux, I, 487.

SIPHON évité sur la rivière de Harlem, II, 550.

SLATE-RIVER, affluent du James-River. — Travaux d'amélioration, II, 119.

SMITH (M. Washington), I, 319.

SNAG. *Voir* Arbres échoués.

SOL des Etats-Unis. Facilités qu'il offre pour un réseau de communications étendu sur tout le pays, I, 115 à 128; II, 269.

SOMERVILLE (chemin de fer d'Elisabethtown à), embranchement du chemin de fer de New-York à Philadelphie, II, 406.

SOMME (canal de la), en France. Tarif, I, 421.

SONDAGES (utilité des) avant de commencer un canal, II, 281.

SONNETTE mue par le poids de l'homme, II, 76, 84.

SOULÈVEMENT actuel d'îlots à l'embouchure du Mississipi, I, 79.

SOUTERRAINS pour les canaux : —Canal de la Chesapeake à

l'Ohio, I, 416; II, 47, 48, 52, 59. — Canal projeté du Rhin au Danube, I, 118. — Canal de Johnstown à Pittsburg, 418. — Canal de l'Union; dimensions; dépense par mètre, 475. — Canal continu de Philadelphie à Pittsburg, 508. — Aqueduc servant aux distributions d'eau de New-York, II, 529.

Souterrains pour chemins de fer, I, 286, 598, 402, 506; II, 27, 28, 30, 113, 384, 440; 474, 493, 494, 496, 516, 555 note. — Dimensions, dépenses; II, 497, 517.

South Amboy. *Voir* Amboy.

South Bend, II, 244. *Voir* Michigan City.

Southampton (chemin de fer de Londres à), ce qu'il a coûté, I, 344.

Spécialité des fonds fournis par les divers Etats traversés par le chemin de fer de Charleston à l'Ohio, II, 169.—Spécialité des fonds affectés au canal Michigan, II, 262, 265.

Springfield (ville du Massachusetts), I, 306. *Voir* Hartford.

— (Chemin de fer de) à New-Haven, 315.

Springfield (Illinois). *Voir* Quincy.

Stanhope (chemin de fer de) et Tyne, Angleterre, I, 356.

Stations (chemins de fer).—Nombre, II, 413. — Désignation, 499. — Frais d'établissement, 413; — d'exploitation, 414, 419. *Voir* Embarcadère.

Staunton (route de Winchester à), et de Staunton à Parkersburg, sur l'Ohio, II, 41.

— Tracé proposé pour le chemin de fer de Baltimore à l'Ohio par Staunton, II, 41.—*Id.* pour le chemin de fer de Winchester à la Nouvelle-Orléans, 121.

Stephenson (R.), ingénieur anglais, I, 320.

— (Machines de), I, 305.

Stevens (M. Robert L.), I, 384; II, 356, 385, 394.

Stockton. *Voir* Darlington.

Stonington, I, 342.

— (Chemin de fer de Providence à), II, 386, 542. Description, 588.

Strasburg (chemin de fer de), embranchement du chemin de Philadelphie à Columbia, I, 443; II, 554.

Strickland (M. W.), II, 559, 554.

Sud (chemin de fer du); Etat de Michigan, II, 273, 275, 540.

Sugar Loaf (chemin de fer du), II, 473, 544.

Sullivan (M.), II, 44.

Summit (chemin de fer du), II, 473.

Sunbury, sur la Susquehannah.

— (Chemin de fer projeté de) à Erié, I, 361, 362, 573.

— (Chemin de fer projeté de) à Harrisburg, I, 561, 562, 575.

— (Chemin de fer de) à Pottsville, I, 494, 524 *note*; II, 452, 453, 544, 566. Description générale, 506 à 522.

Superficie: —des Etats-Unis, II, 549.—Répartition entre les diverses latitudes; comparaison avec différents Etats du monde, *tableaux*, I, 3, 4; — des divers Etats composant l'Union, *tableaux*, 6; — des divers bassins du versant de l'Atlantique, *tableau*, 22; — du versant de l'Atlantique, divisé en trois groupes, 24; — des grands lacs, *tableau*, 36;—de diverses parties du bassin du Saint-Laurent, *tableau*, 51;—de la vallée du Missouri, 72; — de la vallée du bas Mississipi, 80; — des bassins qui avoisinent le delta du Mississipi, 81; — des diverses parties du bassin du Mississipi, 82;—de l'Etat de Pensylvanie, par bassins, 323;—de la France et de l'Angleterre, II, 530.—*Voir* Longueur de canaux, de chemins de fer.

Supérieur (lac). Communication avec le bassin du Mississipi, I, 34, 37. — Superficie, profondeur, volume d'eau; 36, 39. — Hauteur au dessus de l'Atlantique et du lac Ontario, 38. — Le saut Sainte-Marie intercepte la navigation avec les lacs Huron et Michigan, *ibid.* — Abaissement de niveau, 44. — Description du lac, empruntée à M. Bouchette, 52.—Itinéraire, 56.—Nécessité d'un canal autour du saut Saint-Marie, II, 272. — Chemin de fer destiné à lier le lac Supérieur aux lacs Huron et Ontario, 276.

Superstructure (chemins de fer) appelée aussi Voie, I, 269, 302, 309, 334; II, 8, 57, 143, 375.

—Dépense par kilomètre, I, 270, 282, 305, 309, 405; II, 54, 143, 249, 408, 417, 475, 499. — Détail de la dépense, II, 38, 376, 397, 427, 499; — en bloc, II, 10, 38, 500. — Variations de la dépense d'après les divers systèmes, I, 343 *note*. — Influence de la superstructure sur les frais d'entretien, II, 8, 415. — *Id.* Comparaison entre divers chemins, 422—Superstructure permanente substituée à une superstructure légère, II, 11, 88, 405, 415, 425. — Courte durée d'une superstructure légère, II, 422, 428, — Comparaison avec une superstructure permanente 425.—Influence de la superstructure sur la vitesse, 425.—Superstructure du pont en maçonnerie de Black-Rock, 554.—Chemin de fer établi sur pilotis et sur un grillage de charpente, I, 302.—Muraille en moellon ou en pierre sèche supportant les rails, I, 302; II, 375, 385, 554.—Fondation en pierre cassée, I, 303, 335, 402; II, 8, 57, 375, 385, 590, 594, 395, 516 et pl. XV, fig. 41, 535 *note*. — Terres argileuses entre les murs de fondation; inconvénients, II, 375. — Dépense, 397, 499.—Détails d'exécution, 498.—Fondation en blocs de pierre jointifs supportant les rails, II, 8, 352, 440, 441.—Même système avec traverses en granit, II, 375. —Jonction du rail avec la pierre, 376. — Vices de ce système, I, 335, 356, 345; II, 395. — Fondation sur pilotis, II, 142, 433, 443; —sur des arbres couchés, 143. *Voir* Remblais. — Rails reposant sur un tablier porté par deux rangées d'arbres équarris couchés dans le sable, I, 276. — Même sytème de construction avec madriers transversaux soutenant les arbres longitudinaux, 276. — Même système avec traverses par dessus, II, 249 — Rails supportés par des traverses reposant sur des madriers longitudinaux, II, 378, 379, 385, 589, 390, 393, 404, 408, 434.— Rails reposant sur des traverses posées sur le sol, 385, 395, 405, 408, 420, 426, 581; — sur des dés, 395. — Rails supportés par des madriers longitudinaux reposant sur des traverses, 404, 412, 555 *note*. — Convient-ils d'enterrer la base d'une superstructure en bois, 408, 420, 516.

—*Voir* Asséchement, Dés, Longrines, Rail, Remblais, Traverses, Voie.

Suspension. *Voir* Planchers de ponts.

Susquehannah, I, 20, 22, 24, 29, 30, 37, 99, 124, 321, 322, 325. *Voir* Philadelphie.—Premiers essais d'amélioration, 154, 500. — *Tige principale* : 1º Canal latéral, de la mer (Havre-de-Grâce) à Columbia, 499 à 505. 2º Canal latéral de Columbia au confluent de la Juniata, à Duncan's Island, 390, 419, 443, 444, 525, 526. 3º Canal latéral, en amont de la Juniata, de Duncan's Island à Northumberland, 482. Autre canal latéral sur la rive gauche, 494; II, 525. — *Branche Occidentale*, I, 321 à 326. Canal latéral à cette branche, 326, 420, 483 à 487, 524 à 526. Jonction projetée avec l'Alleghany, 485, 508. — *Branche Nord-Est*, 321 à 323, 326. Ca-

Susquehannah (*suite*) :
nal latéral à cette branche, 326, 487 à 493, 524 à 526.
— Chemin de fer y aboutissant, II, 472.
—Embranchements des canaux de la Susquehannah, I, 494
à 498.—Récapitulation des lignes navigables du bassin de
la Susquehannah, 505. — Récapitulation des canaux latéraux à la Susquehannah, II, 554.
— Canal de la Susquehannah au Schuylkill, autorisé en
1791, I, 133, 447 à 450. *Voir* Union (canal de l').
— Diverses études de tracés destinés à la joindre avec le
Potomac, I, 525;—avec la Delaware, 321, 325, 498; II,
465; — avec l'Ohio, 325.—Elle communique :
— avec l'Ohio, par un chemin de fer se dirigeant sur Pittsburg.
— avec le Schuylkill, 1° par le chemin de fer de la Catawissa (projet); 2° par le chemin de fer de Sunbury à Pottsville.
— avec le Potomac : 1° par les chemins de fer de Columbia
à Baltimore; et de Baltimore à Washington; 2° par le
chemin de fer de Columbia à Williamsport, par Gettysburg; 3° par le chemin de fer de Harrisburg à Williamsport, par Chambersburg.
— avec la Delaware : 1° par le chemin de fer de Philadelphie à Columbia; 2° par le chemin de fer de Wilkesbarre à White Haven et le canal du Lehigh; 3° par le
chemin de fer de la Catawissa, le chemin de fer de Beaver Meadow et le canal du Lehigh; 4° par le chemin de
fer de Sunbury à Pottsville, et de Pottsville à Mount
Carbon et à Philadelphie.
— avec le canal Chemung, par le chemin de fer de Williamsport à Elmira.
— avec le lac Seneca (et par suite avec l'Hudson), par le
canal Chemung.
— avec le lac Cayuga, par le chemin de fer d'Ithaca à
Owego.
— avec le canal Érié, par le canal Chenango.
— Nécessité de la rendre navigable jusqu'à ces trois derniers
points de jonction, I, 180.
Swatara, affluent de la Susquehannah, I, 321, 449, 448,
449, 470, 471, 476. *Voir* Union (canal de l').
Swift (M. H.), I, 506·
Syracuse, I, 462. *Voir* Utica.
—(Chemin de fer de)—aux carrières d'Onondaga, 478; —
à Auburn, 273, 531, 532 *note*.

T

Tableaux contenus dans l'*Histoire et Description des voies
de communication aux Etats-Unis.*

TOME Ier.

Superficie du sol des Etats-Unis, totale et par régions, 3.
— Superficie de différents Etats du monde, 3. — Superficie des Etats-Unis, par degrés de latitude, 4. — Population des Etats-Unis, d'après cinq recensements, 8. — *Id.*
par Etat, en 1830, en distinguant les esclaves de la population libre, 9. — Mouvement de la population exprimé
en centièmes, de 1790 à 1830, sous la même distinction,
10, 11. — Population des villes, 13. — Bassins du versant de l'Atlantique, de la pointe de la Floride à l'embouchure du Saint-Laurent; longueur, largeur, superficie,
22. — Superficie du même versant, divisé en trois groupes
selon les trois croissants du littoral, 24. — Superficie et
profondeur des cinq grands lacs; volume d'eau qu'ils con-
tiennent, 36. — Superficie des diverses parties du bassin
du Saint-Laurent, à partir du point le plus reculé du lac
Supérieur, 55. — Bassins qui avoisinent le Delta du Mississipi; longueur, largeur et superficie, 81. — Bassin du
Mississipi; longueur, largeur et superficie de ses diverses
parties, 82; population en 1820 et en 1830, 83. — Itinéraire le long du Mississipi, 84; de l'Ohio, 88; de l'Illinois, 93. — Température moyenne de divers points des
Etats-Unis, 97, 98. — Température moyenne de quelques
villes, par mois, 98. — Pente moyenne de divers fleuves,
127. — Longueur des canaux comparée à la population et
à la superficie, en Angleterre, en France et dans l'Etat de
New-York, 152. — Itinéraire sur le canal Erié, 161; sur
le canal Champlain, 172; sur les embranchements du canal Erié, 186. — Recettes et dépenses de chacun des canaux de l'Etat de New-York au 30 septembre 1836, 200,
201. — Dette des canaux à la même époque, 202. — Emploi des sommes disponibles, 202. — Sommes déboursées
pour leur construction, année par année, 204; *id.* pour
leur entretien, 206; dépense moyenne d'entretien par année et par kilomètre, 207; dépense de leur gestion financière, 210; nombre et résidence des employés des canaux,
211; récapitulation de la dépense annuelle d'entretien et
d'exploitation, en bloc et par kilomètre, 212. — Tonnage
sur les canaux Erié et Champlain, à la remonte et à la
descente, 218. — Valeur des produits transportés, *ib.*—
Moyenne des arrivages de Paris, de 1820 à 1835, 219.—
Poids et valeurs des objets transportés sur les canaux de
l'Etat de New-York, en 1835, 1836 et 1837, 222.—Principaux objets descendus par les canaux jusqu'à l'Hudson,
pendant les mêmes années, en tonnes, 24; quantité en
tonnes et valeur en francs des mêmes objets classés par
groupes, 225, 226. — Bases d'évaluation des poids et des
prix dans l'Etat de New-York, 227, 229; poids admis par
les commissaires des canaux de la Pensylvanie, 227. —
Mouvement de la *merchandize*, 230. —Répartition entre
les divers canaux : des bois, 232; de la farine et des
grains, 233; des provisions du règne animal, 234; des objets appelés *merchandize*, du gros mobilier et des outils
agricoles, 234.—*Merchandize*, mobilier et outillage agri-
cole expédiés par les canaux de l'Etat de New-York vers
les autres Etats, 236.—Produits expédiés des autres Etats
par ces mêmes canaux, 238. — Objets importés des autres
Etats par Buffalo, Oswégo et Whitehall, 239.— Prix de
transport pour divers objets, 244. — Prix des places pour
les voyageurs; comparaison avec les prix en usage sur quelques canaux d'Europe, 245, 246. — Nombre des bateaux
des canaux de l'Etat de New-York, 247. — Nombre d'expéditions sur les canaux Erié et Champlain, et sur l'ensemble des canaux, 247.—Nombre des arrivées à l'Hudson et
des départs, 248. — Nombre des bateaux qui se sont pré-
sentés sur différents points, 248. — Nombre des bateaux
pesés, 249. — Durée de la fermeture de l'Hudson par la
gelée, 250. — Epoque de l'ouverture du canal Erié à Albany et à Buffalo, et du lac Erié à Buffalo, 252. — Chômage moyen pour cause de gelée sur le canal Erié, 253.
— Produit des péages sur les divers canaux de l'État de
New-York, 254.— Tarif, 255.— Proportion de la somme
totale des péages correspondant à chaque classe de produits, 256. — Influence de l'abaissement du tarif sur
le péage, 256, 257. — Influence des canaux d'embranchement sur la ligne principale, 258. — Domaine
public de l'Etat de New-York en 1817, 260; en 1837, 262.
—Accroissement de l'ensemble des fortunes privées dans
l'Etat et dans la ville de New-York par suite de l'établis-

sement du canal Erié, 263, 264. — Courbures et pentes du chemin de fer d'Utica à Schenectady, 269. —Prix des places sur quelques chemins de fer anglais, 279. —Itinéraire de Tappan au lac Erié par le chemin de fer de New-York au lac Erié, ou du midi de l'Etat de New-York, 284. — Développement des chemins de fer et des canaux de l'Etat de New-York, 316. —Dépenses d'établissement de divers chemins de fer, 343 à 345. —Frais d'entretien, 345 à 348. — Frais de traction, 353, 370.— Tarifs pour les marchandises, 357 à 368; — pour les voyageurs, 372 à 376. — Parcours, écluses et pentes du canal de Columbia à Hollidaysburg, 394. — Courbes et pentes du chemin de fer du Portage, 399. — Données des plans inclinés du même chemin, 401. — Longueur et pente, nombre et espacement des écluses de divers canaux français, 421. — Itinéraire sur la ligne de Philadelphie à Pittsburg, 422. — Droits de péage perçus pour le trajet entier sur cette ligne et sur le canal Erié, d'Albany à Buffalo, 425, 426. — Tarifs des grandes lignes de canaux des Etats-Unis, 427. — Tarifs des lignes moyennes, 428. — Tarifs des canaux français, anglais, belges et hollandais, 431 à 439. — Itinéraire sur le canal du Schuylkill, 456. —Dérivation et biefs en rivière qui composent ce canal, 458. — Tonnage, recettes et dépenses de ce canal depuis l'origine de l'exploitation, 460. — Détail du mouvement de 1835 à 1838, 461. — Itinéraire sur le canal de l'Union, 475. — Tarif, 478. — Mouvement et revenu de ce canal, 479. —Péages perçus par la compagnie du Schuylkill sur les bateaux destinés au canal de l'Union ou venant de ce canal, 480. — Résumé des éléments du canal latéral à la branche occidentale et à la branche nord-est de la Susquehannah, 486, 491. — *Idem* des grandes lignes achevées dans le bassin de la Susquehannah en amont de la Juniata, 492. — Récapitulation des grandes lignes achevées ou commencées dans le même bassin, 493. —Distance et pentes à racheter entre Philadelphie et le lac Erié, 519, 520. — Frais annuels d'entretien des canaux et des chemins de fer appartenant à l'Etat de Pensylvanie, de 1834 à 1839, 526. — Recettes annuelles des mêmes voies de communication, de 1830 à 1839, 527.— Recette et dépense comparées du réseau de la Pensylvanie et de celui de l'Etat de New-York, 528. — Détail de objets transportés en 1858 et 1859 sur les canaux et les chemins de fer de l'Etat de Pensylvanie, 531. — Mouvement commercial de 1834 à 1839, par groupes de produits et dans diverses directions, 532, 533. —Détail des arrivages des points principaux, 534. — Mouvement des produits de l'industrie minérale, 535. — Quantités et valeurs des objets venus de l'intérieur jusqu'aux ports par les canaux et les chemins de fer de la Pensylvanie, et par les canaux de l'Etat de New-York, 536. — Objets expédiés à l'Est, de Buffalo par le canal Erié, et de Pittsburg par l'artère de Pensylvanie, 537. — Mouvement de la *merchandize* sur les canaux de l'Etat de New-York et sur les lignes de la Pensylvanie, 538. — Récapitulation des canaux et des chemins de fer de la Pensylvanie, 539.

TOME II.

Plans inclinés et courbes du chemin de fer de Baltimore à l'Ohio, 5. — Recettes et tonnages dans diverses directions de 1831 à 1840, 19. — Détail du tonnage dans la direction de l'Ouest à l'Est, 20. —Dépenses d'exploitation par groupes et par années, 21. — *Id.* par kilomètre, 22. — Balance annuelle des recettes et des dépenses, 23. —

Recettes, depenses et produit net du chemin de fer de Baltimore à Washington, 55. — Barrages du canal de la Chesapeake à l'Ohio : dimensions et dépenses, 51. — Frais de construction des piles du pont-aqueduc de Georgetown, 73, 74. — Récapitulation des canaux et chemins de fer du Maryland, 90, 91. — Principales données de la construction de huit ponts-aqueducs sur le canal du James-River, 106. —Tarif des diverses parties de l'artère de Virginie, 115. — Actif de la caisse des travaux publics de Virginie, 127. — Souscriptions et prêts de l'Etat de Virginie à des entreprises : de chemins de fer, 129; — de lignes navigables, 129; — de routes à barrières, 130; —de ponts, 130; — de travaux divers, 131. —Récapitulation, 131. — Recettes de la caisse, 133. —Récapitulation des canaux et des chemins de fer de la Virginie, 134. — Frais de construction du chemin de fer de Charleston à Augusta, 146. —Mouvement et recette du même chemin, 148. — Exportations et importations des Etats du Sud et du Nord de l'Union, à diverses époques, 151. —Exportations du coton, 152, 158. — Consommation du coton en France, 155. — Produits des récoltes du coton en Amérique, 156. — Longueurs, pentes et hauteurs des chemins de fer du Portage, de Baltimore et de Charleston à l'Ohio, dans leur passage à travers les monts Alleghanys, 164, 165. — Pentes et courbes du chemin de fer de Savannah à Mâcon (Géorgie), 175. — Itinéraire de Savannah à Ross's Landing et à Knoxville, 178. — Commerce comparé de Charleston et de Savannah : coton exporté sur l'Angleterre, 179; importations et exportations de toute nature, 180. — Arrivages de coton de la Grande-Bretagne entière et de Liverpool, 179. — Canal Ohio : ponts-aqueducs, 204; itinéraire, 207; dépenses et produits, 208; frais d'entretien, par kilomètre, de 1835 à 1838, 209; mouvement commercial, 210; mouvement spécial des points extrêmes Portsmouth et Cleveland, 211 à 212.—Marine du port de Cleveland, 213. —Données principales du canal Mahoning, 215. — Distances comparées de New-York et de Philadelphie au canal Ohio, 217. — Mouvement commercial du canal Miami à Cincinnati, 222. — Dépenses d'entretien et d'exploitation et produits du même canal, 223. — Données principales du canal Miami, 225. — Récapitulation des canaux et des chemins de fer de l'Etat d'Ohio, 230. — Données principales du canal de la Wabash au lac Erié, 233. — Chemin de fer de Madison à Vernon : pentes et courbes, 248; ponts-viaducs, 248. — Récapitulation des canaux et des chemins de fer de l'Etat d'Indiana, 255. — Réseau de chemins de fer entrepris par l'Etat d'Illinois; longueur de chaque ligne; dépense estimative, 263. — Produit des péages du canal Welland, 284. — Mouvement commercial du même canal, 286, 287.—Détails des dérivations à ouvrir latéralement au Saint-Laurent, 293. —Commerce du Saint-Laurent, de 1830 à 1835, 298. —Décroissance de la cataracte de l'Ohio à Louisville à mesure que le niveau du fleuve s'élève, 307. — Mouvement et revenu, de 1831 à 1839, du canal de Louisville à Portland, 510.—Liste des bateaux à vapeur qui ont traversé ce canal en 1839, avec l'indication de leur tonnage et du péage que chacun d'eux supporte, 311 à 315. — Sommes allouées par le Congrès pour l'amélioration du cours du Mississipi, de l'Ohio et de leurs affluents, 325. — Itinéraire sur le canal Rideau, 345. — Tarif des péages et produit des péages sur le le même canal, 346. — Commerce d'exportation de la

TABLEAUX (*suite*) :

Nouvelle Orléans, 347. — Recettes et dépenses du canal du Raritan à la Delaware , 355. — Tarif et produit des péages, nombre des traversées de navires sur le canal de la Delaware à la Chesapeake, 361, 362. — Mouvement commercial du même canal, 365; — du canal du Dismal Swamp, 366. — Recettes et dépenses du chemin de fer de Boston à Providence , 386. — Chemin de fer d'Amboy à Camden : détail des frais d'établissement , 397 ; mouvement commercial, 398 ; recettes , dépenses et produits, 397.—Chemin de fer de Fredericksburg à Richmond : détail des frais d'établissement, 413 ; recettes, 414 ; frais d'exploitation, 414. — Chemin de fer de Petersburg au Roanoke : détail des frais d'établissement, 417 ; recettes, 418 ; frais d'exploitation, 419 ; recettes, dépenses et dividendes de 1834 à 1840, 422. —Chemin de fer de Portsmouth au Roanoke : détail des frais d'établissement, 427.—Trajet comparé de Baltimore à Charleston par Washington, Richmond, Petersburg et Raleigh et par Portsmouth, Weldon et Wilmington, 431. — Mines d'anthracite de la Pensylvanie; extraction des trois bassins année par année, 450. — Canaux et chemins de fer servant à écouler l'anthracite des mines de la Pensylvanie, 452. — Chemin de fer de Honesdale à Carbondale ; itinéraire , 457 ; plans inclinés , 458 ; intervalles compris entre les plans inclinés, 458; répartition des hauteurs et des longueurs entre les deux versants, 459. — Frais de transport du charbon, 462 . — Canal de l'Hudson à la Delaware : objets transportés, 460 ; frais de transport du charbon de 1832 à 1840, 461 ; frais d'entretien du canal, 461.—Canal du Lehigh : mouvement et recettes de 1833 à 1841, 469; détail du mouvement ascendant et descendant, 470 ; Id. sur la partie supérieure du canal, 471. — Canal Morris : dimensions des plans inclinés, 477 ; intervalle compris entre les plans inclinés et distribution des écluses, 478 ; répartition des plans inclinés, des écluses et de la pente entre les deux versants, 479; pente et longueur des deux versants et du bief de partage, 479. — Détail des pentes du chemin de fer de Mount Carbon à Philadelphie, 495. — Chemin de fer de Pottsville à Sunbury : distribution des plans inclinés et des pentes, 507 ; données des plans rectilignes, 508; id. du plan curviligne, 509; devis détaillé de quelques uns des appareils , 518 à 520 ; dépenses annuelles du service des plans inclinés, 521.—Chemin de fer du Petit Schuylkill; service des chevaux et des locomotives ; dépenses comparées, 523, 524.—Récapitulation générale des canaux et chemins de fer de l'Amérique du Nord ; longueur ; partie exécutée à la fin de 1842 ; dépense totale par kilomètre, 531 à 545. — Même récapitulation pour les fleuves et les rivières améliorées, 546. — Résumé des divers groupes des voies de communication des Etats-Unis, 548. — Rapports des canaux et des chemins de fer de l'Union américaine, de l'Angleterre et de la France, à la superficie et à la population respective de de ces trois contrées, 550.—Détail des bois de charpente du pont sur l'Opéquon, (chemin de fer de Winchester à Harper's Ferry), 569. — Détail des bois du pont de de Richmond, 575. — Id. du pont des écluses de Peacock, 578.

TABLIER. *Voir* Planchers.

—Avec le système de Burr on peut placer le tablier du pont à telle hauteur qu'on le juge convenable, II, 562.—Même facilité pour le système de Town, 565. —Avantages que présente le tablier en dessus, 562, 565, 568.—Ponts avec tablier en dessous, 567, 568. — *Id*. en dessus, 568, 580.

— (Hauteur de) ; ponts en bois : au-dessous de 15 mètres, I, 334; II, 9, 415, 567; au-dessus de 15 mètres, I, 182, 334, 517; II, 359, 417, 475, 497, 552, 562, 566, 572. (Ponts en maçonnerie), I, 402 ; II, 535 *note*, 384, 530.

— (Largeur de), II, 36, 378, 403, 412, 535 *note*, 555, 577, 580.

— (Longueur collective de), I, 334, 484; II, 384, 394, 490, 535, *note*.

TAILLE. *Voir* Granit, Pierre.

TALCOTT (le capitaine), I, 191, 194, 195 ; II, 519.

TALUS :

— de canaux, I, 158, 159, 160 ; II, 198. — Dangers de mêler des pierres aux terrassements, I, 160.

— de digues, I, 194, 195.

— d'une pile de pont, II, 403.

— de chemin de fer, I, 302 ; II, 332, 412.

— de rivières. Inclinaison, I, 194.

— de la maçonnerie d'un pont, II, 571.

TAMAQUA, II, 463, 474. *Voir* Petit Schuylkill.

— (Chemin de fer de Catawissa à), I, 498 ; II, 455, 475. Partie exécutée en 1842, 544.

TANEY (M.), II, 401 *note*.

TANNER (M. H.), I, 3, 6, 37, 82, 83, 106, 322.

TARIFS (canaux et chemins de fer). *Voir* les différents canaux et les différents chemins de fer.

— Poids officiels des unités de mesure admises pour les divers objets transportés sur les canaux de l'Etat de New-York et sur les canaux et chemins de fer de l'Etat de Pensylvanie, I, 227. — En général, pour tous les moyens de transport en Amérique, il n'y a qu'un prix et qu'une seule espèce de place, 245, *note*, 305, 374.—En France et aux États-Unis, le tarif des chemins de fer est plus élevé que celui des canaux; cette règle n'est pas générale en Angleterre, 530 *note*. — En Pensylvanie, le péage a pour base, sur les chemins de fer, le poids, et sur les canaux de l'Etat, soit le poids, soit le volume, soit le nombre des objets, 357 *note* 425, *note* Des bascules établies sur divers points du chemin de fer permettent de vérifier les déclarations du commerce, 357 *note*.

TARIFS (canaux).

— comparés des différents canaux américains, 427.

— des canaux français, 429 à 432 ; anglais, 434 à 457; belges, 437; hollandais, 437.

— Poids du mètre cube ou kilolitre de diverses substances , transportées sur les canaux, I, 430 *note*. — Poids officiels des unités de mesures (Etats de New-York et de Pensylvanie), 227, 462 *note*; II, 346 *note*.—Valeur officielle des mêmes unités en francs, I, 229.— Droits de péage perçus sur les marchandises (États de New-York et de Pensylvanie), 255, 424, 462 à 477; II, 503 ; (canal du Midi en France), 245, 429; (canal Middlesex), 295; (grandes lignes des Etats-Unis), 427 ; (lignes moyennes), 428; (canaux français), 429 à 432; (canaux anglais), 434 à 437; (canaux belges et hollandais), 437 à 439; (canaux de Virginie , James-River et Kanawha), II, 115; (canaux de l'Ouest), 247 ; (canal Rideau), 346 ; (canal du Raritan à la Delaware), 357, 399; (canal de la Delaware à la Chesapeake), 361 ; (Lehig canalisé), 466. — Droits de péage perçus sur les voyageurs : (États de New-York et de Pensylvanie), I, 231, 425, 478; (canal Rideau), II, 346; (canal du Raritan à la Delaware), 399. — Droits de péage perçus sur les bateaux, I, 231, 247 *note*, 425, 478;

II, 309, 311 à 315 *tableau*, 357, 361. — Sur le canal de Louisville à Portland, la perception a pour base la contenance légale du bateau, indépendamment du chargement, II, 309 *note*.

— Interdiction temporaire de les abaisser dans l'État de New-York, I, 198.—Libre fixation du tarif accordée aux compagnies (canal de la Chesapeake à l'Ohio), 426. — Même liberté à l'égard du tarif, sauf limitation à l'égard du dividende (canaux du Schuylkill et de l'Union), 427; (canal de Louisville à Portland), 429); II, 309; (canal du Beaver et du Sandy), II, 217. — Élévation relative des tarifs français; on s'apprête à les réduire, I, 432. — La bonne administration des canaux exerce une influence plus heureuse encore que la modicité des tarifs, 433. — Causes de l'élévation des tarifs anglais, 434. — Bases particulières des droits en Hollande et en Belgique, 437. — Franchises accordées par l'État d'Ohio en faveur du gouvernement fédéral, II, 225. — Convention entre les Etats d'Ohio et d'Indiana, relativement au tarif des canaux du premier de ces Etats, 236. — Tarif élevé des péages du canal Welland, 280, 284. — *Id*. du canal de Louisville à Portland; hausses successives, 306, 309. — Abaissement de péage dû à la concurrence, 303.

— *Voir* Produits, Transport (prix de).

Tarifs (chemins de fer).

— Chemins de fer américains, I, 267, 271, 276, 277, 305, 350 à 380, 409; II, 18, 36, 39, 115, 116, 149, 159, 377, 380, 382, 386, 387, 388, 399, 409, 423, 430, 443, 473.

—Chemins établis autour des mines de charbon, II, 448.

—Chemins de fer français, belges et anglais, I, 278, 367, 368, 378.

— Modifications qu'a subies le tarif du chemin de fer de Baltimore à l'Ohio; il reste insuffisant encore, II, 18; élévation en ce qui concerne les voyageurs, 25, 26. — Elévation du tarif du chemin de fer de Winchester à Harper's Ferry, suivant la direction des produits, 39. — Tarif pour les trajets partiels sur le chemin d'Amboy à Camden, 399, 401. — Hausse du prix des places, autorisée, non effectuée sur le même chemin, 401. — Faveurs accordées par l'État de New-York au transport du combustible minéral, 448 *note*.

— Les compagnies de l'État de New-York fixent à leur gré le prix du transport des voyageurs et des marchandises sur les chemins de fer; exception à cette règle, 277, 305, 360. — Autres États où les compagnies jouissent du même privilége, 278, 360. — Droit de révision des tarifs réservé à l'État, (Nouv.-Angleterre, Virginie), 305, 359, 363.

—Limites légales du tarif relatif aux marchandises dans les divers États de l'Union, 359; droits réellement perçus par les compagnies, 366. — Autres conditions des tarifs américains, 359 à 364. — Maxima fixés par le parlement en Angleterre; absence habituelle d'un maximum pour le droit total, 278, 367. — Tarifs français de 1838; charges imposées aux compagnies, 368.—Tarif pour les voyageurs en Amérique et dans d'autres États, 369 à 377.— De l'influence du prix des places sur la circulation et sur le revenu des chemins de fer; essais de prix réduits faits en Angleterre et en Belgique, 377 à 388. — Abaissement de tarif dû à la concurrence, II, 386, 429, 430.—*Voir* Produits, Transport (frais de).

Tarif des droits de péage perçus sur des rivières améliorées, II, 96 *note*.

Taunton (embranchements de) et de New-Bedford sur le chemin de fer de Boston à Providence, II, 387, 542.

Tay, tributaire du lac Rideau. Travaux d'amélioration, II, 344, 545, 546.

Teisserenc (M.), ingénieur français, I, 378.

Température des États-Unis, I, 95 à 109; — de l'ancien continent, 99.

Tenders à 8 roues, I, 384.

Tennessee (Etat), I, 5, 6, 8 à 11, 18; II, 156, 160, 186, 187. — Projets de chemins de fer, II, 41. — Concours au chemin de fer de Charleston à l'Ohio, 169. — Autorise le chemin de fer de la Nouvelle-Orléans à Nashville, 348. — Voies de communication établies sur le territoire de cet Etat, 178, 355.

Tennessee (rivière), affluent de l'Ohio, I, 20; II, 123. — Description, I, 92. — Projet d'amélioration, II, 167, 333.

Terrain mouvant aux environs de l'embouchure du Mississipi, I, 79.

Terrains (acquisition de).

— pour chemins de fer : dépense par kilomètre, en Amérique, I, 269, 289, 303 II; , 146, 147, 413, 417, 427, 500; — en bloc, II, 38, 397, 404, 459; — en Europe, I, 345. — Largeur acquise par chemin, I, 302; II, 146, 385. — Abandon gratuit par des propriétaires, I, 146; II, 385. — Etendue acquise pour la gare de Boston, et prix, II, 385.

— pour canaux; dépense, II, 56, 105, 339. — Dépense par kilomètre, 104. — Largeur moyenne occupée par un canal, 104. — Superficie totale, 104.

Terrassements. *Voir* Asséchement, Mur, Remblais, Talus, Tranchées.

— Cube (chemins de fer), I, 302; II, 7, 10, 34, — (Canaux), II, 242, 258.

— Dépenses par mètre cube, II, 10, 34, 258, 517; — par kilomètre, II, 142, 417; — en bloc, II, 397.

Terre-Haute (Indiana), sur le canal de la Wabash au lac Erié, II, 253. *Voir* Alton.

Terres. *Voir* Domaine.

—(Concessions et donations de) pour l'exécution de travaux publics, I, 149, 198, 287; II, 223, 232, 356, 334. — Forme habituelle des concessions faites par le Congrès, II, 223. — Produit de la vente des terres du domaine public; son affectation partielle à l'instruction primaire, I, 260; II, 229 *note*. — Produit de la vente des terres concédées, I, 199; II, 226, 251, 259. — Ventes ordonnées, II, 265. — Ventes annulées, 259. — Spéculations de l'Etat d'Illinois sur les terres voisines de ses voies de communication projetées, II, 261. — Abandon de terrain et de propriétés bâties, 336. — Prix ordinaire des terres de l'Ouest, II, 225 *note*. — Abandon exigé de propriétaires voisins d'un canal projeté (Etat d'Ohio), II, 218.

Thayer (le colonel), I, 494; II, 519, 555.

Thomas (M. F.), II, 54.

Thomas (M. P. E.), II, 552 *note*.

Thomas (viaduc), II, 552 et pl. XVI fig. 1.

Tioga (rivière). *Voir* Chemung.

Toiture. Planchettes usitées à cet effet dans l'Union, I, 221 *note*; — et bordages de ponts en bois, I, 418, 420; II, 555, 558, 560, 561, 562. — La toiture est d'une faible utilité pour les chemins de fer, 566.

Tonawanda (chemin de fer du), Etat de New-York, I, 275; II, 552 *note*.

Tonawanda (rivière), II, 290.

TOPOGRAPHIE des Etats-Unis, I, 1 à 95; II, 351; — générale comparée à celle de l'Europe, I, 113.

TORONTO (chemin de fer de) à Penetanguishine, II, 276.

TOTTEN (le colonel), I, 191; II, 44, 319, 339.

TOURBILLONS : de la rivière Niagara, 53; — du Mississipi, 67.

TOWN (M. Ithiel). II, 564.

—(Ponts en bois du système de), II, 37, 420, 497, 498. — Description générale, 564. — Exemples divers de ponts construits dans ce système, 567 à 582, et pl. XVI, fig. 12, pl. XVII, fig. 7 à 19, pl. XVIII tout entière, pl. XIX, fig. 1 à 11. — Economie, 556. — Comparaison avec le système de Burr, 558, 562; sur l'Hudson avec travée mobile, I, 277, 311.

TRACÉ de canaux :
Canal Erié; trois communications avec l'Hudson et trois avec le lac Erié, I, 155; modifications du tracé dans quelques parties, 165, 166. — Vices qu'offre le tracé du canal de Johnstown à Pittsburg, 417.— Difficultés qu'a présentées le tracé du canal de la Chesapeake à l'Ohio, II, 45, 47; — du canal Welland; modifications, 281, 283. — Tracés divers proposés pour un canal de jonction des lacs Ontario et Erié par la rive des Etats-Unis, 289, 290. — Modifications apportées au tracé primitif du canal Rideau, 342.

TRACÉ de divers chemins de fer. —Discussion, I, 281. — Tracé au travers de montagnes; chemin du Portage, I, 395; — de Baltimore à l'Ohio (Parr's Spring Ridge), II, 4, 11, 24, 26 à 29; — de Winchester à Harper's Ferry, II, 37. — de Baltimore à York, II, 87; — du James-River au Kanawha, 99, 112 à 114. — de Charleston à l'Ohio; comparaison avec d'autres tracés au cœur des Alleghanys, 161 à 166.

TRACTION. Poids traîné par un cheval sur un chemin de fer, II, 523.

TRACTION (prix de) sur les canaux.—Abaissement présumé par suite de la reconstruction du canal Erié, I, 240, 244. — Quotité sur les canaux de l'Etat de New-York, pour les marchandises, 243; pour les voyageurs, 245. — Canal du Midi (marchandises), 245. — Canal Middlesex (marchandises), 461. — Canal de l'Union (marchandises), 475. —Prix coûtant de la traction selon la dimension des bateaux, 475. — Evaluation moyenne en France, I, 355. —Frais de halage sur le canal du Raritan à la Delaware, II, 356. — Frais de traction sur un canal à plans inclinés, 481.

TRACTION (frais de) sur les chemins de fer. — Voyageurs, II, 21 *tableau*, — Marchandises, II, 21; *tableau*, 462 *tableau*; — en bloc, II, 35 *tableau*; — par kilomètre et par voyageur, I, 272, 370, 371; II, 502; —par kilomètre et par tonne, I, 353, 354, 356, 406, 407, 501, 502, 503, 523;—par voyage et par convoi, I, 304;— par kilomètre parcouru, I, 352.—Dépense courante d'une locomotive, par an; détail, II, 502, 523;—par tonne et par kilomètre; détail, I, 351, 352;—par tonne et par voyage, I, 351; II, 149.—Influence des machines, I, 551; II, 502. — Influence des pentes, I, 371, 406, 412; II, 503, 504.—Influence de la vitesse, I, 354 *note*; II, 503. — Rapport entre les frais de traction du charbon, des autres marchandises et des voyageurs, sur le chemin de Mount-Carbon à Philadelphie, II, 502.— *Voir* Chevaux.

TRANCHÉES :
— (pour canaux), I, 315, 317; II, 48, 52, 53, 138, 221, 224, 242, 243, 256, 257, 289, 299, 343, 352, 354.

—dans le roc; asséchement; dépense, I, 158, 165; II, 256, 258;—de 23 mètres, 183; II, 359; autre de 30 mètres, I, 184.—Grande tranchée pour le canal Ohio, II, 198, 214. —*Id.* pour le canal Welland; sables mouvants; éboulements, dépenses, II, 279 à 281. — *Id.* pour le canal de Louisville à Portland, 308. — Consolidation de tranchées, II, 298 et Pl. XII, fig. 1 à 4; — dans des terrains vaseux, II, 359.—Détail des coupures pratiquées pour le canal Rideau, 344.

—(pour chemins de fer), I, 267, 302, 306, 307, 333, 336; II, 332, 375, 381, 459, 497; — de 21 mètres, II, 7; — de 35 mètres, 69, II, 249. — Asséchement, I, 302. — *Id.* dans des sables mouvants, I, 353. — Evitées sur le chemin de Charleston à Augusta, pourquoi, II, 142. — Grande tranchée de Bergen Hill sur le chemin de fer de Jersey-City à New-Brunswick : dimensions, cube des matières enlevées, dépense, 403.

TRANSIT (importance du) dans l'Etat de New-York; exemples extraordinaires de transit, 237. — Avantages que la France doit en attendre, 244.

TRANSPORT (mode de) : usité en Amérique à l'origine des colonies, canots d'écorce, I, 129, 130.
—sur les canaux : Etat de New-York, I, 242; Pensylvanie 423. — Canal du Raritan à la Delaware; faveurs accordées au transport de l'anthracite; la compagnie concessionnaire ne se charge plus du transport par elle-même, II, 355.—*Voir* Bateaux.

TRANSPORT (prix de) ou prix du Fret.
—sur les canaux : en Russie, I, 122.—Etat de New-York, 243 à 246.—Le service des voyageurs permet aux commissionnaires de transport de se charger des marchandises à des prix réduits, 246. — Etat de Pensylvanie; ligne de Philadelphie à Pittsburg (chemins de fer et canaux), 439; comparaison avec les prix de voiture sur le canal Erié et sur les routes à barrières, 441; canal du Schuylkill, 465; canal du Raritan à la Delaware; comparaison avec le canal Erié non agrandi, II, 356, 399. — Prix de transport du charbon sur le canal de l'Hudson à la Delaware, de 1832 à 1840, par tonne et par kilomètre, 461. — *Id.* sur le chemin de fer de Mount-Carbon à Philadelphie; comparaison avec le canal du Schuylkill, 503, 505.
—sur les routes : pour les voyageurs en Amérique, en France et en Angleterre, I, 245, 246; — pour les marchandises, I, 310, 432, 504.—Comparaison avec les chemins de fer, I, 279, 305, 364, 440 *note*, 441; II, 39, 159.— *Id.* avec les canaux, 440 *note*. — Les prix de transport sont très-coûteux dans la vallée du Mississipi, II, 347.
— sur les rivières, I, 185. Abaissement produit par l'invention du bateau à vapeur, II, 188.
— sur l'Hudson (marchandises), I, 244. — Comparaison avec les chemins de fer, pour le coton, II, 147.—Prix modique des transports dans l'Ouest, II, 189.
— sur mer, II, 553 *note*; exemple de l'économie qu'il présente, II, 72.
— sur les chemins de fer. *Voir* Exploitation, Monopole, Produits, Tarifs, Traction, Vitesse.

TRAVAUX PUBLICS AUX ÉTATS-UNIS. *Voir* Bureau, Gouvernement fédéral, Loterie, Malfaçons, Personnel.
— exécutés aux frais des Etats : (Pensylvanie), I, 153, 530, 537, 539, 540 *tableaux*; II, 525; (New-York), 149, 150; (Ohio), 426; II, 195, 226; (Caroline du Sud), II, 139; abandon des travaux, 140; (Géorgie), 177; (Michigan), 273; (Illinois), 256, 260; (Indiana), 251; (Alabama), 334.—exécutés par le gouvernement britannique au Ca-

nada, II, 328, 342.—Dans les États de l'Ouest, presque tous les travaux ont été exécutés au compte de l'Etat, pourquoi, II, 192. — Substitution de l'Etat de Virginie à une compagnie, II, 97. — La législature du Canada se substitue aux actionnaires du canal Welland, 283.—*Voir* Rachat.

— exécutés par des compagnies avec le concours de l'État comme actionnaire, I, 132, 133, 509, 448, 477, 454, 498; II, 11, 24 à 26, 29, 54, 36, 38, 42, 57, 63, 64, 87, 95, 101, 117 à 119, 123, 125, 126, 129 *tableau*, 130 *tableau*, 169, 216, 229, 243, 284, 283, 289, 305, 309, 328, 531, 332, 535, 559, 565, 575, 413, 416, 418, 421, 424, 427, 539 *note*.—Quotité habituelle de la souscription de l'État de Virginie, II, 58, 102, 413, 416; — de l'État d'Ohio, 213, 328.

— exécutés par des compagnies avec le secours de l'Etat, comme prêteur, I, 454, 177, 273, 288; 309, 512, 504; II, 25, 31, 39, 58, 59, 87, 88, 129 à 131 *tableaux*, 249, 276, 284, 283, 304, 340, 348, 421, 424, 427. — *Id.* comme caution, I, 289, 312, 477, 498; II, 169, 332, 338, 373, 427 *note*, 459, 480, 532 *note*. — *Id.* comme donateur, II, 131, 305. — Forme habituelle des encouragements accordés par les États, I, 289; II, 25 *note*, 31, 338. — Les prêts des États aux compagnies sont en général garantis par une hypothèque, I, 275, 289; II, 238, 248.

— Concours des villes, I, 312, 336; II, 10, 25, 26, 30, 31, 44, 57, 87, 88, 102, 169, 199, 227, 243, 421, 427. — Refus de concours des villes intéressées. II, 309.—Souscriptions imposées à la banque des États-Unis, I, 444 *note*; II, 31.

— Modicité des droits perçus en Europe sur la plupart des canaux appartenant à l'État, à des provinces ou à des villes, I, 450, 457.

— Dans les États où les capitaux sont peu abondants, il convient de les établir d'abord avec économie, sauf à les perfectionner plus tard, I, 170, 586; II, 109.—Les États de l'Union peuvent y consacrer plus de ressources que les États européens, II, 153, 190, 191. — Budget ordinaire comparé à celui des travaux publics, 153.

TRAVÉES DE PONTS EN CHARPENTE :
— Le système de Burr permet d'en diminuer le nombre, II, 561. — Grande portée des ponts de ce système, I, 448; II, 561. — Ponts d'une seule travée, I, 334, 490; II, 201, 497, 498, 559; — de deux travées, I, 448, 517; II, 204, 465, 497, 498, 570;—de trois travées, I, 489, 490, 517; II, 9, 201, 224, 497, 566;—de quatre travées, I, 334; II, 204, 464, 465, 497, 567;—de cinq travées, II, 201, 555, 560, 574, 577; — de six travées, I, 448; II, 562;—de sept travées, I, 448; II, 36, 242, 562;—de huit travées, I, 277; II, 403, 562;—de neuf travées, II, 567;—de dix travées et au-dessous, I, 157; II, 426, 567, 570, 572; — de vingt travées et au-dessus, I, 157.

— Travées de 10m à 20m, I, 157, 418, 489, 490; II, 242, 498, 557; — de 20m à 30m, I, 489, 490; II, 224, 498, 570, 580; — de 30m à 40m, II, 9, 36, 58, 384, 403, 497, 559, 568, 574;—de 40m à 50m, I, 334; II, 403, 497, 498, 560, 567, 572, 577;—de 50m à 60m, I, 517; II, 555, 567; — de 60m à 70m, II, 555, 565, 567;—de 70m à 80m, II, 556; — de plus de 100m, II, 555.

TRAVERSÉE DE ROUTES par les chemins de fer. — Passages à niveau, I, 502, 345. — *Id.* au travers des rues des villes, I, 340; II, 2, 10. — Absence de barrières et de gardes presque partout en Amérique, I, 302, 340.

TRAVERSES (superstructure des chemins de fer), I, 402; II, 143, 590. — Dimensions, I, 177, 267, 303, 335; II, 57, 379, 389, 390, 395, 404, 405, 412, 420, 426, 434, 442, 498, 516, 517, 584. — Espacement, I, 303, 335; II, 57, 249, 332, 379, 385, 395, 404, 412, 420, 426, 434, 442, 498. — Nature du bois, I, 269, 303, 335; II, 57, 332, 378, 379, 385, 389, 390, 395, 404, 405, 412, 420, 426, 442, 498, 517. — Prix de revient, II, 389, 397, 424, 499, 517. — Boîte pour pratiquer les entailles, 516 et pl. XV, fig. 45, 46.— On a reconnu, aux Etats-Unis, qu'elles étaient indispensables, I, 335, 336. — Jonction avec les madriers longitudinaux qui les supportent, II, 249.—Jonction avec les rails, II, 249, 516 et pl. XV, fig. 41 à 44.
— posées sur un lit en blocaille, I, 335; II, 8, 385, 516.
— en pierre, I, 309.—Prix, dimensions, II, 375.—Préférées aux dés, 576.

TREILLIS (ponts en), II, 564 à 582. — Forme de treillis, 564.—Hauteur du treillis, par rapport à la portée des travées, 565, 567, 572, 576. — Dimensions, 575. — Quantité de bois employée, 575, 579, 584. — Treillis double, 572 et pl. XIX, fig. 4.

TREMBLEMENTS DE TERRE (dépressions produites par des) en 1811 et 1812 sur la rive occidentale du Mississipi aux environs de New-Madrid, I, 64; II, 522.

TRENT (la), rivière du haut Canada, I, 41, 48. — Canalisation, II, 275, 328.

TRENTON, II, 355, 357. *Voir* New-Brunswick, Philadelphie.
— (Description détaillée du pont de), II, 555 et pl. XVI fig. 7 et 9.

TREUILS, II, 79, 82, 85. *Voir* Roue à marcher.

TRIMBLE (M. J.), II, 63, 87.

THOOST (le docteur), I, 96, 98, 111.

TROTTER (M.), II, 275.

TROY, I, 226.—(Pont de), II, 567.
—(Chemin de fer de) à Ballston Spa, vers le lac Erié, I, 277; II, 533.
—(Chemin de fer de) à West-Stockbridge vers Boston, projet, 510.

TURNBULL (le major), II, 66 à 78.

TUSCALOOSA (pont de) II, 567 et pl. XVII, fig. 19.

TUSCUMBIA. *Voir* Decatur.

TUYAUX DE FONTE : pour l'écoulement de ruisseaux traversés par un canal, I, 489, II, 105. — Dimensions, I, 158. — Conduites d'eau, II, 511, 530. — Tuyaux de bois, II, 511.

TYNE. *Voir* Stanhope, Angleterre.

U

UNION, nom par lequel on désigne ordinairement la confédération des Etats-Unis. *Voir* Etats-Unis, Gouvernement fédéral, Fédéral (lien).

UNION (canal de l'), du Schuylkill à la Susquehannah, I, 321, 390, 591, 455, 457, 460, 461. — Détails d'exécution et d'exploitation I, 469 à 481.—Itinéraire, 475.— Tarifs, 427, 428. — Longueur, dépenses, II, 554. — Agrandissement des écluses, 554 *note*.

UNION (canal de l'), en Angleterre, ligne d'Edimbourg à Glascow, tarif, I, 436.

UTICA, I, 153, 161, 180.
—(Chemins de fer d') à Syracuse et de Syracuse à Auburn, description, 275.—Longueur, II, 531. *Voir* Schenectady.

UTILITÉ produite par l'établissement de diverses voies de

communication. *Voir* Richesse publique, Transport (frais de).

V

Vallée. —En Amérique, on donne ce nom aux sillons qui séparent les crêtes des Alleghanys, quoi qu'il n'y ait pas de rivière qui les suive, I, 19, 333 *note*, 334. — Vallée de Virginie, II, 36. — Voies de communication au travers de cette vallée, 41. — Vallée sur le flanc occidental du Blue-Ridge dite *la Vallée* par excellence, I, 20, 452. — Vallée Centrale de l'Amérique du Nord; définition, I, 119 *note*; description, 33 à 95.

Van Buren (le président), I, 160.

Van Rensselaer (M.), I, 148, 149, 168.

Vannages, I, 472.

Ventelles à charnières, s'ouvrant du côté opposé à la pression de l'eau, II, 304, pl. XII, fig. 22 et 23.

Ventes a l'encain (droits sur les). — Etat de New-York; sont affectés aux dépenses des canaux, I, 197. — Leur produit, 199, 260, 262. — Leur affectation aux travaux publics en Pensylvanie, 522.

Ventilation (appareil de) pour activer le feu dans les locomotives, II, 45, 504, pl. V fig. 2; — dans les machines fixes, 451 *note*.

Vents (influence des) sur le niveau de l'eau des lacs, II, 256.

Vénet (canal), II, 359, 541.

Versailles (chemin de fer de Paris à).—Tarif, I, 278. — Rive droite et rive gauche, dépense d'acquisition de terrains, par kilomètre, 343 *note*.

Vicat (M.), ingénieur français, I, 472.

Vicksburg, sur le Mississipi. — Population, II, 336. — (Chemin de fer de) à Clinton, 333, 540.

Vigne. Insuccès de sa culture aux Etats-Unis, I, 70.

Villes.

— (Plans de): Etat d'Illinois; achat de lots, II, 259.

— (Tracé des chemins de fer dans les), I, 267, 336; II, 2, 390, 406, 408, 440, 443, 531.—Exigence des localités, I, 267; II, 7. — Précautions prises à New-York, II, 441. — Avantage des chemins de fer au niveau du pavé dans les villes, lorsqu'il n'y a pas de locomotives, I, 340. — Projet de supprimer la traversée de Baltimore par le chemin de fer venant de Philadelphie, II, 408. — Interruption de la ligne de l'Acquia Creek au Roanoke, à Richmond et à Petersburg, dans l'intérêt de ces villes, 431. — Lignes de chemins de fer qui rayonnent autour des métropoles, 439 à 443, 548.

Vincennes (Indiana). *Voir* Saint Louis.

Vincent (M.), I, 516.

Vincent's Harbour. *Voir* Mobile.

— (Trajet en bateau à vapeur de) au lac Borgne, pour servir de jonction aux deux tronçons du chemin de fer de Mobile à la Nouvelle-Orléans, II, 434.

Vins. Produit en France; exportation, II, 453 *note*.

Virginie (canal de), ou latéral au James-River, I, 418, 427, 427, II, 101 à 111. — Chemin de fer destiné à le lier à l'Ohio par le Kanawha, II, 112 à 115.

Virginie (Etat de), I, 5, 6, 8 à 11, 18, 20, 26; II, 42, 51, 156, 186. — Part qu'il a prise à l'exécution des travaux publics, I, 131, 132. — Insuccès des premiers essais de canalisation, 154.—Description de ses travaux publics, II, 95 à 126. — De la caisse des travaux publics, 127 à 133.—Récapitulation de ses canaux et chemins de fer, 134.—Appui prêté par cet État à diverses entreprises de travaux publics, 26, 29, 38, 39, 43, 57, 58, 63, 64, 125, 126, 416, 424, 427.—Ses souscriptions sont ordinairement des deux cinquièmes du capital, 38, 102, 413, 416, 418.—Importations et exportations, 151. — Mines, 160, 447. — Autorise l'ouverture du canal du Dismal-Swamp, 364.—Souscrit pour cette entreprise, 365.—Souscription et prêt en faveur du chemin de fer de Petersburg au Roanoke, 424.—*Voir* Vallée.

Vitesse :

— du courant de l'Hudson, I, 191, 192;—du Saint-Laurent, II, 292; — de l'Ohio, aux rapides de Louisville, 306 *note*; — du canal d'alimentation de New-York, 330.

— Importance d'une circulation rapide sur les canaux, exemples, I, 238. — Vitesse des bateaux sur les canaux américains, 243, 456, 475; II, 284; — sur les canaux français, I, 245; II, 189. — Vitesse des diligences aux Etat-Unis et en France, I, 245, 246. — Vitesse des bateaux rapides en Angleterre, 246; — des bateaux à vapeur de l'Hudson, 280; — de l'Ouest, II, 189; — Vitesse comparée de deux systèmes de bateaux rapides, II, 337.—Lenteur de la navigation dans l'Ouest avant l'invention du bateau à vapeur, II, 187. — *Id.* sur un canal à trop petites dimensions, 308. — Vitesse des bateaux à vapeur en mer, II, 373, 411.—Rapidité de la circulation sur le canal du Lehigh, malgré la grandeur de la pente, 466; — sur le canal Morris, à plans inclinés, 481.

—sur les chemins de fer : américains, I, 268, 271, 286, 303, 344, 405; II, 7, 14, 33, 38, 149, 377, 389, 402, 407, 425, 441, 496, 502, 504; européens, I, 348, 351, 353. — Influence des courbes, II, 496. — Influence de la superstructure, II, 425. — Economie résultant de la diminution de vitesse, I, 341, 356. — Du minimum de dépense par rapport à la vitesse, 354 *note*. — La compagnie du chemin de fer de Charleston à Augusta inflige des amendes à ses conducteurs quand ils arrivent trop tard, II, 149.

Voie. *Voir* Longrine, Rail, Superstructure, Traversée, Traverses. — Chemins de fer à une voie, I, 177, 178, 273, 276, 277, 308, 310, 312, 442, 505, II, 37, 145, 175, 176, 263, 332, 373, 387, 393, 404, 412, 416, 417, 421, 425, 429, 442, 474. — *Id.* à deux voies, I, 267, 268, 502, 354, 398; II, 3, 170, 375, 378, 404, 407, 440, 506. — *Id.* à deux voies, dont on a posé seulement la première, II, 3, 52, 177, 247, 578, 584, 473, 499, 522, 531 *note*, 535 *note*. — Largeur du couronnement, I, 268, 302, 308, 402; II, 37, 249, 352, 375, 378, 379, 383, 393, 412, 555 *note*. —Largeur entre les rails, I, 502, 589, 402; II, 3, 53, 443, 506; pourquoi plus grande sur le chemin de Baltimore à l'Ohio qu'ailleurs, II, 6. — Espacement des voies, I, 302, 402; II, 3, 9, 375, 583, 573, 580. —Largeur exceptionnelle de l'entrevoie du chemin de fer de Baltimore à Washington, II, 33. — Largeur de terrain acquise pour le chemin, I, 302. —Frais d'entretien, II, 8 *tableau*, 33 *tableau*, 40, 373, 378, 427. — Frais de construction, par kilomètre, II, 146. — Appareil pour écarter les obstacles, II, 394.

Voitures publiques. Il n'y a, aux Etats-Unis, qu'une sorte de place et qu'un prix pour tous les moyens de transport des hommes, I, 245.

VOITURES SUR LES CHEMINS DE FER : Voitures américaines à 8 roues ; mode de construction, I, 584.— Description, II, 16 ; dessin, Pl. V, fig. 5 à 8. — Avantages sous le rapport de la sûreté, II, 17. — Marchepied continu, II, 147. — Mode d'attache, II, 147. — Nombre, I, 271 ; II, 11, 147. — Frais d'établissement, II, 501. — Suspension , II, 7. — Voitures diverses du chemin de fer d'Amboy à Camden, 396.— *Voir* Roues, Matériel.

VOLNEY, philosophe français, I, 106, 107.

VOLUME d'eau contenu dans les grands lacs de l'Amérique et le bassin du Saint-Laurent, I, 56, 59. — Volume des eaux du Saint-Laurent , 65 ; — du Mississipi, 65 ; — de la Seine, de la Garonne, de la Loire, du Rhône, du Rhin et du Nil, 65, 66 ; — du Casselman, II, 48.

VOUTES en briques ; épaisseur désavantageuse, II, 517.—Dépense, 517 ;—de ponts en maçonnerie, exécution grossière en Amérique, II, 552. — Epaisseur pour divers ponts, 552, 554. — Dimension des voussoirs, 552, 554. — Prix de la taille des joints, 553.

VOYAGEURS. *Voir* Mouvement.

— (Service des) sur les canaux, I, 230, 231, 243, 245, 425, 478 ; II, 346, 399, 466.

W

WABASH (la), affluent de l'Ohio , I, 37, 69, 91.

—(Navigation naturelle sur la) ; direction de son cours, II, 232. — Navigation naturelle sur ses affluents , 236. — Amélioration projetée par l'État d'Illinois, 261, 262, 546.

—(Canal de la), au lac Erié, II, 161, 224, 225, 245 *note*.— Description générale, 232 à 238. — Double jonction avec le canal Central d'Indiana, 238 , 240. *Voir* Cross Cut canal. — Prolongement, 238, 239. — Subdivisions, longueurs exécutées en 1842, dépense, 538.

WAGON :

—chargé de pierres employé sur un plan incliné automoteur, II, 511 et Pl. XV, fig. 1, 2 et 5.

—à charbon ; description, 511, 514 et Pl. XV, fig. 16 à 56.

—Attache des wagons entre eux, fig. 18, 52, 35.

WALHONDING, affluent du Muskingum, II, 198, 201.

—(Canal du) et du Mohican, 217, 218, 557.

WARREN, I, 185 ; 422. *Voir* Pittsburg.

—(Chemin de fer de) à Pine Grove, I, 445.

—(Canal du comté de), s'embranchant sur le canal Miami, II, 216, 217, 227, 558.

WARRENTOWN. *Voir* Decatur.

WARSAW. *Voir* Bloomington.

WASHINGTON (le président), I, 132 ; II, 45, 94.

—(M. G. C.), neveu du précédent, II, 54, 57.

WASHINGTON, capitale des États-Unis, I, 4, 13, 29 ; II, 44, 58.—Est la tête du canal de la Chesapeake à l'Ohio, II, 43.

—Souscrit pour cet ouvrage, 57.— (Édifices de), II, 554.

—(Port de), II, 62.

—(Ligne directe de) aux grands lacs, I, 496.

—(Chemin de fer de) à Baltimore, II, 6, 17, 23 *note*. — Description générale ; détails d'exploitation, II, 52 à 56. —Tarif, I, 563, 564, 573, 574. — Longueur, dépense, II, 542. — Impôt, I, 566. — Est le premier tronçon de l'une des deux lignes de Baltimore à Charleston, II, 410. — Produits de la partie commune avec le chemin de Baltimore à Harper's Ferry, 19 *note*.

WASHINGTON, petite ville peu éloignée de Pittsburg.

—(Chemin de fer de) à Pittsburg, I, 563. — Péage, 561 , 573.

WATERFORD (village), I, 226, 227.

WAYNE (le général), II, 187, 224 *note*.

WEBSTER (M), II, 404 *note*.

WELCH (M.), I, 398, 405, 406, 407 ; II, 329.

WELDON (canal de), latéral au Roanoke, II, 125, 546 *note* (5).

—(Chemin de fer de) à Wilmington , 543. — Description générale, 429 à 431.

—(Pont de), 426, 427, 430.

—*Voir* Portsmouth.

WELLAND (canal), I, 40 ; II, 289, 546 *note* (6).— Détails d'exécution et d'exploitation, II, 277 à 283. — Projets de reconstruction, 283.— Gelée, 288. — Longueur, dépense, 540.

WERNWAG (M.), II, 36, 555.

WESTCHESTER. *Voir* Port Deposit.

—(Chemin de fer de Paoli à), embranchement du chemin de Philadelphie à Columbia, I, 442 ; II, 554.

WESTERN AND ATLANTIC RAILROAD , en Géorgie. *Voir* Atlantique.

WESTERN-RAILROAD , chemin de fer de Boston vers Albany, (Nouvelle-Angleterre), I, 300 à 314 ; II, 531.

WEST-FELICIANA (chemin de fer de), ou de Francisville à Woodville, II, 336.

WESTMINSTER (chemin de fer de Baltimore sur), commencé puis abandonné, II, 87, 533.

WESTON (M.), I, 470, 473, 476.

WEST-POINT (Alabama). *Voir* Covington, Montgomery, Savannah.

WEST-STOCKBRIDGE, II, 554. *Voir* Worcester.

— (Chemin de fer de) à la ville d'Hudson, I, 310 ; II, 531, 532 *note*.

— (Chemin de fer projeté entre) et Albany et Troy, I, 310.

— (Chemin de fer de) à Bridgeport sur le détroit de la Longue-Ile, ou chemin de fer de l'Housatonic, I, 315 ; II, 532.

WEST-TROY, faubourg de Troy, I, 161, 226, 227.

WEYMOUTH (canal de) à Mount-Hope, II, 332, 535.

WHEELING, ville de Virginie sur la rive gauche de l'Ohio ; l'une des extrémités du chemin de fer de Baltimore et de Philadelphie à l'Ohio, I, 506 ; II, 25, 26, 28 à 31. — Description, I, 88.—*Voir* Baltimore, Cumberland.

WHIPPO (M.), I, 514, 516, 517.

WHISTLER (M. G.-W), I, 508.

WHITE (M. Canvass), I, 160, 470 ; II, 359.

WHITE (M. Josiah), I, 439, 440 ; II, 463, 464.

WHITEHALL. *Voir* Saratoga.

WHITE-HAVEN. *Voir* Lehigh.

WHITEHEAD (M.), I, 96, 97.

WHITE-WATER (canal du), II, 238, 239, 243. — Embranchement de Cincinnati, 243. — Longueur exécutée et dépense faite en 1842, 539.

WICKLIFFE (M.), I, 126.

WILKESBARRE.

—(Chemin de fer de White-Haven à), I, 498 ; II, 453, 544. — Description, 466, 467. — Embranchement, 472. — Destination, 464.

— (Distances de), à New-York et à Philadelphie, 468.

WILLIAMS (le capitaine), I, 37, 38, 44 ; II, 163, 166, 167, 168, 289, 290, 369.

WILLIAMS (M.), de Cincinnati, II, 161.

WILLIAMS (M. M.-T.), II, 193.

WILLIAMS (M. Jessé L.), II, 205, 206, 245, 252.

WILLIAMSPORT, sur le Potomac, I, 505, 506 ; II, 25, 31. *Voir* Chambersburg, Gettysburg, Lancaster.

WILLIAMSPORT, sur la branche occidentale de la Susque-
hannah, I, 495.
— (Chemin de fer de) à Elmira, sur le canal Chemung, I,
445, 495 à 497; II, 448, 554. — Jonction projetée avec
le chemin de fer de la Catawissa, II, 474.
WILL's CREEK, affluent du Potomac, I, 324; II, 44, 47.
WILL's CREEK, affluent de Muskingum (Etat d'Ohio.) —
Travaux d'amélioration, II, 218. — Pont projeté pour
la Route Nationale, 558 à 560 et pl. XVII, fig. 2 à 6.
WILMINGTON (Delaware), II, 42.
— (Chemin de fer de) à Philadelphie, II, 407; — au Hâvre
de Grâce, 407, 408.
WILMINGTON (Nouvelle-Angleterre).
— (Chemin de fer de Boston à), I, 515 ; II, 575.
WILMINGTON (Caroline du Nord). Voir Raleigh, Weldon.
WILSON (M. W.), I, 355, 508.
WINCHESTER, II, 59. Voir Parkersburg.
— (Chemin de fer de) à Harper's Ferry, sur le Potomac,
II, 14, 129. — Détails d'exécution et d'exploitation, II.
56 à 42. — Tarifs, I, 363 à 366, 373, 574. — Longueur,
dépense, II, 556. — Pont sur l'Opéquon, 568, 569 et pl.
XVIII, fig. 7 à 12.
— (Chemin de fer de) à la Nouvelle-Orléans, par Knoxville,
tracés proposés, II, 421.
WISCONISCO, affluent de la Susquehannah, II, 449.
— (Canal), I, 494, 524 ; II, 452, 545. — Description, II,
524.
WISCONSIN, affluent du Mississipi.
— (Canal du) au lac Michigan par le Fox, II, 268, 269.
WISCONSIN (territoire organisé du), I, 5, 6 ; II, 186.— Tra-
vaux de navigation, II, 266 à 269.
WISSAHICCON (pont en treillis sur le), II, 566.
WITT (Siméon de), I, 147, 148.
WOOD (M.), I, 354, 356.
WOODBURY (M. L.), II, 152, 154, 156 note, 157.
WOODVILLE (Mississipi). Voir West-Feliciana.

WORCESTER. Voir Boston.
— (Chemin de fer de) à la limite des Etats de Massachu-
setts et de New-York, ou de Worcester à West-Stock-
bridge, ou Western-Railroad, I, 306 à 509; II, 551. —
Pentes, courbes, superstructure, II, 551 note.
— (Chemin de fer de) à Norwich, I, 344, 560; II, 552. —
Tarif; concurrence avec le chemin de Boston à Provi-
dence, II, 586, 587.
— (Canal de) à Providence, ou canal du Blackstone, I, 513;
II, 552.
WRIGHT (M. B.), I, 156, 159, 160, 281 à 286, 466 ; II,54,
65, 66, 105, 108, 109, 144, 280, 281, 294, 299, 304,
359, 562, 565.
WRIGHTSVILLE, sur la Susquehannah, vis-à-vis de Columbia,
I, 506. Voir York. — Est le point de jonction des che-
mins de fer de Philadelphie et de Baltimore à la Susque-
hannah, I, 537, 505.
WYOMING (chemins de fer des mines de), II, 555, 472, 544.

Y

YONNE (lâchures sur l'), II, 463.
YORK, I, 455.
— (Chemin de fer de Columbia ou de Wrightsville à), I,
504 ; II, 88, 535. — Tarif, I, 361.
— (Chemin de fer de) à Gettysburg, I, 504 ; II, 555 ; — à
Harrisburg, projet, II, 89; — à Baltimore, I, 504 ; II, 86,
555.
YOUNG (M.), I, 96, 97, 99.
YOUNG (M. Samuel), I, 150.
YOUNG (M.), ingénieur, I, 268.

Z

ZEDERIC (canal de) du Wahal au Leck (Hollande), I, 457,
459.